U0601632

HIKING SHENZHEN
徒步深圳

走读深圳100条特色步道

深圳市文化广电旅游体育局 编

深圳出版社

图书在版编目（CIP）数据

徒步深圳：走读深圳 100 条特色步道 . ② / 深圳市
文化广电旅游体育局编 . -- 深圳：深圳出版社，2024.
10. (2024.11重印) -- ISBN 978-7-5507-4121-8

Ⅰ . K926.53

中国国家版本馆 CIP 数据核字第 20244DG702 号

徒步深圳——走读深圳 100 条特色步道②

TUBU SHENZHEN —— ZOUDU SHENZHEN 100TIAO TESE BUDAO ②

出 品 人　聂雄前
责任编辑　曾韬荔
责任校对　彭　佳
责任技编　梁立新

出版发行　深圳出版社
地　　址　深圳市彩田南路海天综合大厦（518033）
网　　址　www.htph.com.cn
订购电话　0755-83460239（邮购、团购）
设计制作　深圳晚报创意设计中心
印　　刷　深圳市华信图文印务有限公司
开　　本　889mm×1194mm 1/32
印　　张　12.25
字　　数　560 千
版　　次　2024 年 10 月第 1 版
印　　次　2024 年 11 月第 2 次
定　　价　88.00 元

《徒步深圳——走读深圳 100 条特色步道》编委会

主　　任	刘　蕾　张国宏
副 主 任	李强强　何建辉　施文丽　冯增军
项目统筹	冯　霞　孙　霞
编　　务	于　治　韩　蒙　彭　雁
采　　编	孙　霞　张梦莹　农天琴　邱姗姗　温　琼　吴晓琪　余　冕 程旭薇　周　怡　苏靖驹　黎家豪　王　博　李鸿婷　陈　艺
美　　术	许　佳　林国壮　黄影婷
摄　　影	宁杰文　文志健　周志成　严文婷

专业支持	深圳市规划和自然资源局 深圳市城市管理和综合执法局
承　　制	深圳晚报社

序一
用脚步丈量深圳之美

　　如果想了解一座城市，没有比走遍她的大街小巷更直接的方式。在街角的早茶和阳台的花瀑里呼吸她的气息，在风舞的裙裾与夜市的灯火里捕捉她深藏的风情。

　　如果要爱上一座城市，没有比踏遍她的青山绿水来得更为深情。在幽谷的泉响和山野的林风中聆听她的私语，在漫天的云飞和拍岸的海潮中感受她疏朗的气韵。

　　而无论对于以奔跑的姿态奋斗在这座梦想之城的深圳人，还是以好奇的眼光打量这座奇迹之城的旅行者，深圳，都是一座适宜行走与遐思的美丽城市。

　　这里自然资源丰富，近 2000 平方千米的土地上，汇聚了山、海、林、田、河、草、湿地等全自然要素，气候温润，雨露充沛，山花烂漫，鱼鸟翔集。这里风气开放，文化多元，既有千年蚝村、海防古城、客家老围、岭南风味，也有东江纵队可歌可泣的战斗历史和改革开放的拓荒足迹。

　　从建市第一版城市总规制定了以自然山川和规划绿带隔离出"带状组团式"空间格局，到 2005 年在全国率先划定基本生态控制线，约束人类对环境资源的侵占，深圳的建设从一开始便铺就了经济发展和生态保护和谐共存的发展基调。

　　近年来，循着"绿水青山就是金山银山"的生态理念，深圳一直在探索新时代生态文明建设的实践路径，努力打造超大城市高质量发展与高水平生态建设协同推进的样本，让城市空间与自然生态环境有机融合，让激情创业与纵情山海成为深圳人生活的两面，形成了今日蓝绿为底、疏密有致、山海连城、四季有花的城市特色风貌，把一座欣欣向荣的城市建设成为"国家园林城市""国际花园城市""国家森林城市"和"国家生态文明建设示范市"。

当前，深圳正加快推进"山海连城，绿美深圳"和"公园城市"建设，通过贯通"一脊一带二十廊"，打造"鹏城万里"多层次户外步道体系。从宝安到大鹏，长达 420 千米的远足径"三径三线"体系已建成；从珠江口到大亚湾，沿海岸线蜿蜒 200 多千米的滨海骑行道正绵延伸展；而山海之间，20 多条生态廊道，正在织就通山、达海、融城的全域步道网络体系。

到 2025 年，深圳将初步建成全域公园城市体系和全境步道骨干网络，建成各类公园总数达 1350 个、步道网络 4000 千米以上；到 2035 年，建成各类公园 1500 个以上、步道网络 5000 千米以上，全面建成"山、海、城、园"有机融合的全域公园城市，成为可漫步、可越野、可竞技的户外天堂。

《徒步深圳——走读深圳 100 条特色步道》系列丛书，便是从这些不同层次、不同强度的绿道、碧道、远足径、郊野径、古驿道中，从历史文化、风物景观、城市风采、博物研习、郊野远足五个视角，遴选出 100 条独具特色的步道，详细解读每条步道的行走信息与人文故事，按照建设进度与营造成熟度分 2023、2024、2025 三册出版，每册介绍 30—40 条路线，编写内容按照"10+1"区排列，便于使用者就近出发。因特色步道仍在持续提升完善，本册书提供的资讯截至 2024 年 9 月。

鹏城万里，起兴于足下。带上这份指南出发吧，去走读烟火街巷，去翻阅壮美山水，在蓝绿交织的图景里留下生命的浪漫足迹，在攀登与行走中认识这座城，并爱上这座城。

《徒步深圳——走读深圳 100 条特色步道》编辑部

2024 年 9 月

序二
好的城市，好的步道，好的 City walk

　　每次乘坐飞机，我都会尽量选择一个靠窗的位置，在起飞或降落的时候，俯瞰已经生活了 30 多年的深圳。从上千米的高空俯视，会发现这个城市的地理形态格外多样：山岭、平原、碧蓝的大海和星罗棋布的岛屿，还有蜿蜒的河流和闪闪发光的湖泊——那是遍布在大地上的水库。

　　每一次俯瞰，都带给我一点"确切的幸福"——庆幸许多年前选择了在这个城市定居，庆幸自己生活在一个地貌缤纷多样、气候温暖湿润、居民来自天南海北的城市。

　　什么样的城市，是好的城市？管理者、规划者、学者有不同的角度，不同的见解。但对一个普通市民来说，我有自己的理解——

　　一个好的城市，一定是一个许多人愿意投奔而来的城市。2021 年 5 月 17 日，深圳市统计局发布深圳市第七次全国人口普查公报，普查结果显示：深圳的常住人口为 1756.01 万人，10 年里增加了 713.61 万人。在过往的半个世纪里，深圳是全球人口增长数量最多、增长速度最快的城市。迁徙者用脚投票，选择了深圳，她在狭小的地理空间里，给予了新移民多样的生存机遇，给予了逐梦者宽广的探寻之路。

　　一个好的城市，一定是一个充满活力和机遇的城市。1979 年，宝安县升格为深圳市，那一年的经济总量是 1.96 亿元，建市 43 年后的 2022 年，深圳的经济总量是 32387.68 亿元，增长了 16000 多倍。深圳人用包容之城激发出来的智慧，用先行之城求新求变的精神，改变着个人的命运，也改变着深圳的命运。

　　一个好的城市，还应该是什么？她不仅应该提供劳作与创富的机遇，而且应该拥有涵养身心、亲近自然的休憩空间——深圳将建成 1350 个各类公园和 4000 多千米各种形态的步道——这个长度意味着：如果你走遍了深圳所有的步道，相当于你从深圳一步一步走到了新疆的乌鲁木齐。

深圳的步道网络营造了城市的步行性 (walkable)，蕴含着对健康生活方式的倡导，对家园意识的培育，对在地关怀理念的唤醒，是全民共享的福利，是城市活力与魅力的点燃，是一个城市张开双臂拥抱世界的姿态……

如今，深圳山海连城的构想正在逐步实现：连接整个深圳，通山、达海、融城的步道系统已经形成，《徒步深圳——走读深圳 100 条特色步道》系列丛书就是一份奔赴山海、品读深圳的指南。

愿读者朋友带上这份指南，去探索、感受一个充满灵动之美的深圳；愿深圳——这个多样而充满活力的城市，这个适宜苦干也适宜安顿身心的城市，这个我们发自内心热爱的城市，会越来越好。

南兆旭

2023 年 11 月

导读

阅读指南

　　本书收录了深圳 100 条特色步道中的 30 条已建成路线，涵盖了深圳"10+1"区，可带领市民游客翻山越海、走遍深圳，深入体验山海连城的活力与趣味。

路线示意图

特色步道的路线示意图，提供行走指南、途经景点等徒步信息。根据步道情况，路线示意图分为详细版和简略版两种。

行走指南

翔实的路线攻略，帮助读者顺畅抵达、行走与返回。

边走边看

介绍沿途的自然风光、特色景点与历史遗迹。

博物赏识

探索本土的自然博物。

周边游玩

推荐周边的景点、商场与美食等等。

步道故事

在走读中了解城市历史、文化及发展轨迹。

常见步道的类型

绿道

　　绿道是一种线形绿色开敞空间，通常沿着河滨、溪谷、山脊、风景道路等自然和人工廊道建立，内设可供行人和骑车者进入的景观游憩路线，串联、保护和利用自然、历史文化资源，并为居民提供游憩和交往空间。

碧道

　　碧道建设以水为主线，强调以水环境、水生态、水安全为基础，除了为群众提供健身、休闲、观光、亲水的场所，还兼具展示生态文明建设成果和城市风貌的功能。

远足径

　　为长距离徒步的自然生态步道，以山脊为脉，贯穿自然郊野区域，由一条从西到东穿越深圳全域的横贯线与多条长跨度的经典路线构成。

郊野径

　　自然路面或采用手作工法建造的步道，连接自然区域与建成区域，兼具自然游憩体验与下撤功能的郊野路线。

古驿道

　　南粤古驿道，是指 1913 年前广东境内用于传递文书、运输物资、人员往来的通路，包括水路和陆路、官道和民间古道，连接起源源不断的物流、人流和文化往来，是南北通融和中外交流的重要路径。

手作步道

远足径标距柱

郊野径标距柱

难度分级

以路线长度为主要考虑因素，辅以难度（路面状况、爬升强度等）、技能体能要求、遮蔽度、下撤点、配套设施等进行综合判断，对步道进行综合难度分级。

难度分级	徒步建议
★☆☆☆☆ **很容易**	人群：适合一般市民休闲，包括老人和儿童。部分道路支持无障碍通行。 装备：无要求
★★☆☆☆ **容易**	人群：适合一般市民锻炼。 装备：无要求
★★★☆☆ **中等**	人群：适合身体状况良好、经常运动人士。 装备：徒步鞋
★★★★☆ **难**	人群：适合身体状况良好、经常户外运动人士。 装备：徒步鞋、登山杖等
★★★★★ **很难**	人群：适合有较多的户外活动经验人士。 装备：徒步鞋、登山杖、能量补给等

鲲鹏径示意图

步道分类　郊野远足

步道路线　凤凰山飞云顶—阳台山—大沙河—塘朗山—梅林山—银湖山—深圳水库—梧桐山—三洲田—马峦山—沙鱼涌—东西涌—七娘山大雁顶

路线长度　**约 200 千米**

路线难度　★★★★★

特别提示

1. 鲲鹏径全长约 200 千米，路程长，路面形态复杂，建议根据体力分段、结伴行走。

2. 鲲鹏径仍在持续完善和提升中，实地行走请多留意鲲鹏径指示牌和黄飘带。

3. 部分路段经过或临近水源保护区、自然保护区，请严格遵守保护区相关规定。

4. 鲲鹏径在建路段目前有替代线可以通行，建设完成后替代线取消，走规划线。

N

鲲鹏径起点

凤凰山飞云顶

阳臺山

大阳台山顶

鲲鹏径第一段
鲲鹏径第二段
鲲鹏径第三段
鲲鹏径第四段
鲲鹏径第五段
鲲鹏径第六段
鲲鹏径第七段
鲲鹏径第八段
鲲鹏径第九段
鲲鹏径第十段
鲲鹏径第十一段
鲲鹏径第十二段
鲲鹏径第十三段
鲲鹏径第十四段
鲲鹏径第十五段
鲲鹏径第十六段
鲲鹏径第十七段
鲲鹏径第十八段
鲲鹏径第十九段
鲲鹏径第二十段

塘朗山极目阁
鲲鹏径一号桥
小梧桐电视塔
马峦山瀑布
三洲田樱花林
东纵北撤纪念公园
七娘山大雁顶
鲲鹏径终点
深圳市天文台

海拔示意图

海拔：米

凤凰山飞云顶
大阳台山顶
塘朗山
梅林山　银湖山
大梧桐
梅沙尖
马峦山　犁壁山
七娘山大雁顶

1000
750
500
250
0

30.0　　60.0　　90.0　　120.0　　150.0　　180.0　　200.0

距离：千米

深圳百条特色步道分布示意图 (2024 年完成部分)

深汕特别合作区

深汕海防人文古驿道

凤凰径 (远足径西北支线)

茅洲河水文步道

光明田园步道

光明虹桥郊野径
光明大顶岭郊野径

观澜版画步道

低碳城步道
翠微径(远足径东北支线)

龙岗河步道

石岩湖生态步道

鹤湖客家民俗步道

环立新湖绿道
凤凰山步福古道

坪山河步道

阳台山环线

甘坑客家古镇步道

江岭相思步道

坝光银叶树步道

宝安桃花源步道

大芬油画步道

红花岭乡土植物步道

坝光地古驿道

罗湖铁路文化步道

梧桐绿道

祈福步道

二线关步道

三洲田云海步道

大鹏湾海岸步道

上步绿廊

洪湖荷花步道

梧桐登云步道

恩上森林步道

无忧步道

侨城创意步道

东门老街步道

福田节日大道

中英街步道

南澳墟镇步道

福田红树步道

大南山步道

七娘山郊野径主峰科考线

赤湾海防步道

蛇口开山步道

西涌天文步道

鲲鹏径(远足径主线)

历史文化   城市风采   风物景观

博物研习   郊野远足

CONTENTS
目　　录

第一程

鲲鹏径

通山达海 穿越深圳

　　鲲鹏径，是一条横贯深圳山海城风光精华的远足径。西起山水丰美、人文丰厚的凤凰山飞云顶，东至山高海阔、地貌雄奇的七娘山大雁顶，全长约 200 千米，共分为 20 段。这条横亘于都市中脊的长路，穿越山岭、森林、湖泊、溪涧、古村、海岸，串联起 10 余座主要山峰、17 个自然郊野公园、8 个大型湖库、众多历史人文胜地和城市景观看台，以及城市重点发展片区，通山、达海、贯城、串趣。

　　《新安县志》旧称七娘山为"大鹏山"，深圳也被称为"鹏城"。《庄子·逍遥游》有云："北冥有鱼，其名为鲲。鲲之大，不知其几千里也；化而为鸟，其名为鹏。鹏之背，不知其几千里也；怒而飞，其翼若垂天之云……鹏之徙于南冥也，水击三千里，抟扶摇而上者九万里。"鲲鹏径既取意"鹏城"之谓，也暗喻了深圳腾飞云霄之志。

鲲鹏径第一段　凤凰山飞云顶—九围湿地

四百里诗意路程由此起步

标距柱　**Y K000—Y K012**

累计爬升　**196 米**

路线长度　**6 千米**

徒步时间　**2—3 小时**

路线难度　**★★★☆☆**

交通指引

凤凰山森林公园出入口

周边公交站：凤凰山脚站

自驾：凤凰山森林公园停车场

九围湿地出入口

周边公交站：九围村站

自驾：九围社区停车场

行走指南

鲲鹏径第一段起步于宝安区凤凰山飞云顶，止于凤凰山脚的九围湿地彩绘路入口，主要行走在凤凰山山脊线上。飞云顶既是鲲鹏径的起点，又是远足径西北支线凤凰径的起点，立有鲲鹏径起点标识立柱和标距柱 Y K000。

从飞云顶出发，沿山脊线一路向南便可到达海拔 376 米的凤凰山主峰，这里有著名景点望烟楼。望烟楼是第一段的中间节点，此前是上上下下的台阶路，之后便是崎岖不平的林间土路，从这里，可以初尝远足径朴素宁静的山野趣味，还可以眺望宝安城区、铁岗水库及深圳机场的风光。

选择九围出口方向下行，穿过半山的林地和山脚的工业园区，鲲鹏径第二段替代线的衔接点就在临近的洲石路上；路对面的彩绘路上则是规划线的起点九围湿地。

鲲鹏径起点标识立柱

凤凰山

🔍 边走边看

凤凰山

凤凰山雄踞珠江口东岸，在清代就被列为"新安八景"之一，有着丰富奇特的自然景观和浓厚的人文气息，是鲲鹏径由西向东经过的第一座山。

飞云顶

从凤岩古庙后面拾级而上，攀行到山顶，就是海拔 309 米的飞云顶。明代新安才子郑文炳曾作诗"扶节直上飞云顶，举手不觉摩苍冥"，描写的就是古凤凰岩八景之一的"云顶参天"。站在飞云顶上，山风习习，巨石磊磊，可以远眺远处的阳台山及山脚下茂盛的荔枝林。

鲲鹏径 0 号标距柱

◎ **鲲鹏径第二段** 九围湿地—宝石路路口

路过水岸清风 满目天光云影

标距柱 **Y K013—Y K040**

累计爬升 **114 米**

路线长度 **11 千米**（替代线 12.5 千米）

徒步时间 **4—6 小时**

路线难度 ★★★☆☆

交通指引

九围湿地出入口
周边公交站：九围村站
自驾：九围社区停车场

宝石路路口
周边公交站：宝安国防基地站
周边地铁站：5 号线兴东站 C 口

◁ 行走指南

　　鲲鹏径从"行山"启步，出凤凰山，便进入九围湿地与铁岗水库接续滋润的亲水路线。

　　鲲鹏径第二段由九围湿地公园、省立绿道二号线铁岗水库段、铁岗水库环湖碧道构成，沿途湖泽清净，草木丰茂，一派舒缓悠然的自然风光。过水库大坝后，经一段土路，便接上宝石路，抵达大井山警务工作室附近，与第三段衔接。

　　由于目前九围湿地段和水库段尚未开放，第二段暂时行走替代线，从九围湿地彩绘路入口，通过洲石路、北八路、省立绿道二号线、水库路、尖岗山大道、广泰路、上川路、宝石路与第三段连接。虽然替代线多为市政路，但很多路段林荫遮蔽，铺设有专门的步道，行走起来也舒适轻松。

九围湿地

Q 边走边看

铁岗水库

铁岗水库是宝安早期兴建的主要水库之一，因库区原有铁岗村得名。水库于1956年动工，1957年夏季主体竣工。2002年，深圳市东江水源工程及网络干线工程正式投入运行，铁岗水库成为东江水源工程末端调节水库之一，也是深圳市重要的水源地。

◎ **鲲鹏径第三段**　宝石路路口—麻磡二号登山口

品味巷陌烟火　重读老村故事

标距柱　**Y K041—Y K057**	交通指引
累计爬升　**21 米**	**宝石路路口**
	周边公交站：宝安国防基地站
路线长度　**10 千米**	周边地铁站：5 号线兴东站 C 口
	麻磡二号登山口
徒步时间　**2—3 小时**	周边公交站：麻磡幼儿园站
路线难度　★☆☆☆☆	自驾：麻磡公园停车场

◁ **行走指南**

　　鲲鹏径第三段从铁岗水库和西丽水库之间蜿蜒穿过，然后北折伸向阳台山脚。本段全程由市政道路和村中街道构成，一路经过牛成村、白芒村、麻磡村等古村落群，是一条充满田园余韵和都市烟火气的路段。沿途不仅可以看到深圳西部两大水库的秀丽风光，还可以漫步古村街巷，在老碉楼和旧民居之间，一窥这座现代化城市深藏的另一面。

西丽水库

◯ 边走边看

麻磡村

麻磡村坐落在阳台山脚下，是"深圳十大客家古村落"之一，拥有近 400 年历史。村子保留有各类瓦房、碉楼 300 多间。这些老建筑多采用麻石、青砖作材料，风格古朴，夹杂在繁华的现代生活中，像一段遗留在岁月深处的古老记忆。

麻磡村碉楼

西丽水库

西丽水库位于阳台山南麓，总库容 3523.66 万立方米。1959 年西丽水库动工修建，主要用于农田灌溉，兼顾防洪、发电等功能。1992 年西丽水库改为水源水库，成为深圳市重要的饮用水水源地之一。

西丽水库的曾用名为西沥水库。1983 年，时任全国人大常委会副委员长的廖承志、杨尚昆前来视察，杨尚昆提议将水库名改为"西丽湖"，廖承志题写了此名。

大阳台山顶

鲲鹏径第四段　麻磡二号登山口—王京坑登山口

浩气英雄山 湾区大"阳台"

标距柱	**Y K058—Y K073**	**交通指引**
累计爬升	**584 米**	**麻磡二号登山口**
路线长度	**7 千米**	周边公交站：麻磡幼儿园站
		自驾：麻磡公园停车场
徒步时间	**3—5 小时**	**王京坑登山口**
路线难度	★★★☆☆	周边公交站：王京坑站
		自驾：王京坑路停车场

◁ 行走指南

　　行至第四段，鲲鹏径再次昂首向山而行。从西丽麻磡二号登山口出发，向北便开始攀登海拔 587 米的阳台山，这是鲲鹏径由西向东攀越的第二座山峰。

　　绕过山脚下的荔枝林，便是持续向上攀升的手作步道，粗犷的路面，巨大的岩石及陡峭的坡度，让这段路程小有挑战但野趣横生。行走大约 2 千米，抵达风门坳，再爬一段台阶路

便登临阳台山两大山顶观景平台——飞龙乘云台和大阳台山顶。

　　大阳台山顶是深圳西部最高峰，可以 360 度尽览远近的海天湖山。从大阳台山顶沿山脊线行走一段阶路后，便遇到南山宝安龙华三区 0 号界碑。由此，山路又呈现崎岖不平、土石混杂的原始样貌。下山路上视野开阔，还有许多巨石景观，其中最令人称奇的是大象石。

　　完成一个巨大的"几"字形后，鲲鹏径又折回山脚下的西丽。道路末尾还有一个小山丘，由此穿过一片荔枝林，便抵达直通土炮坑工业区的小路。

Q 边走边看

阳台山

　　阳台山，位于南山区西丽街道、宝安区石岩街道和龙华区大浪街道交界地带，主峰海拔约 587 米，是深圳西北部最高峰。

　　阳台山拥有丰富的自然和人文景观，是大沙河与茅洲河的发源地，抗日战争时期曾是广东人民抗日游击队开辟的根据地。

阳台山上的徒步者

◎ **鲲鹏径第五段**　王京坑登山口—长岭陂地铁站

青山青春青草地 一路美好相遇

标距柱　**Y K074—Y K093**

累计爬升　**12 米**

路线长度　**10 千米**

徒步时间　**2 小时**

路线难度　★☆☆☆☆

交通指引

王京坑登山口

周边公交站：王京坑站

自驾：王京坑路停车场

长岭陂地铁站

周边公交站：长岭陂地铁站站

周边地铁站：5 号线长岭陂站 A2 口

◁ **行走指南**

　　在王京坑登山口附近的荔枝林里，鲲鹏径、阳台山环线、大学城绿道交会融合。鲲鹏径第五段便是在建的大学城绿道的一段。从阳台山南麓出发，大学城绿道一路依山傍水优美伸展，直至留仙大道旁的长岭陂地铁站。整条线路从北到南连接起了阳台山、部九窝生态修复区、大沙河、塘朗山、西丽湖等自然空间，并通过大沙河生态长廊直抵深圳湾海岸。大学城绿道设计有丰富的人文和生态景观，是鲲鹏径上的精华路段，绿道示范段预计 2024 年底建成。

　　在大学城绿道建成之前，行走鲲鹏径第五段可以走替代线：从王京坑入口沿丽康路、南科一路人行道行走，至深圳大学丽湖校区惟艺门，与鲲鹏径第六段衔接。

丽康路

🔍 边走边看

深圳大学城

深圳大学城是全国唯一经教育部批准，由地方政府联合著名大学共同创办、以培养全日制研究生为主的研究生院群，2000 年 8 月开始创建，聚合了多所高校，旨在打造全球顶尖科技创新高地、大湾区高水平人才集聚区。

深圳大学城

长岭陂水库

长岭陂水库位于大沙河上游，建成于 1981 年底。目前，水库正在进行综合治理，完工后水库将满足防洪、生态补水、市政环境用水等需求。从新建的大学城绿道上走过，可以眺望水库风光。

◎ **鲲鹏径第六段**　长岭陂地铁站—紫涧园

行走大沙河畔　重温学院时光

标距柱	**Y K094—Y K108**	

累计爬升　**25 米**

路线长度　**8 千米**

徒步时间　**2 小时**

路线难度　★☆☆☆☆

交通指引

长岭陂地铁站

周边公交站：长岭陂地铁站站

周边地铁站：5 号线长岭陂站 A2 口

紫涧园出入口

周边公交站：珠光北路站

周边地铁站：7 号线茶光站 D 口

◁ **行走指南**

　　鲲鹏径第六段，从长岭陂地铁站出发，穿过南科大菁菁校园，便开始沿大沙河生态长廊上游段行走。这是一段风光宜人、行走舒适的滨河漫行步道，沿途分布着南方科技大学、深圳大学丽湖校区、北京大学深圳研究生院、清华大学深圳国际研究生院、哈尔滨工业大学（深圳）等高校和研究机构。河岸四季花开，鹭鸟翔集，充满浓郁的青春气息和自然生命力。

　　经过本段最后一个标距柱 Y K108 后，离开河岸沿珠光北路前行，不远便是终点紫涧园。

大沙河

🔍 边走边看

大沙河

　　大沙河发源于阳台山南麓，流入深圳湾，干流全长 13.7 千米，纵贯南山区南北，被称为南山区的母亲河。大沙河流经花岗岩地带，水流将石英沙粒带入河中，因而得名"大沙河"。随着深圳城市化发展，大沙河也经历了水体污染、河道淤堵阶段，经过近年来持续治理，现已成为水清岸绿、生机盎然的都市绿洲。沿岸还建有深圳市最大的滨水漫行系统，被誉为深圳版的"塞纳河"。

大沙河

深圳大学城图书馆

　　坐落于大沙河畔的深圳大学城图书馆是国内第一家兼具高校图书馆和公共图书馆双重功能的图书馆。作为清华大学深圳国际研究生院、北京大学深圳研究生院、哈尔滨工业大学（深圳）共同拥有的图书馆，同时也面向深圳市民开放。这里不仅有丰富的藏书，还是深圳市电子资源最丰富的图书馆。

◎ **鲲鹏径第七段** 紫涧园—梅林水库绿道涂鸦墙

漫步塘朗山脊 远眺山海融城

标距柱	**Y K109—Y K124**	

累计爬升　**676 米**

路线长度　**8.5 千米**

徒步时间　**4—5 小时**

路线难度　★★★☆☆

交通指引

紫涧园出入口
周边公交站：珠光北路站
周边地铁站：7 号线茶光站 D 口

龙珠门出入口
周边公交站：龙苑西路站
周边地铁站：7 号线桃源村站 C 口

◁ 行走指南

　　鲲鹏径第七段长约 8.5 千米，从塘朗山西侧的紫涧园出发，向东越过红花岭、塘朗峰、望天骡等诸峰，一路沿塘朗山山脊线延伸，横贯城市中心区，是鲲鹏径中离城市核心区最近，也最适于远眺深圳山海风光与都市风貌的一段。其中，海拔 432 米的塘朗峰是城市中心最

极目阁

高的观景平台，在此极目远望，脚下群峦拥翠，远处海天相映，一片现代化楼群从蓝绿交织的大地上拔地而起，铺展一派开扬壮美的都市气象。

本路段除紫涧园到塘朗山极目阁的路之间是土石路面的手作步道外，其他路段都是塘朗山郊野公园内成熟的石阶路。极目阁以东的茶香径，种着油茶和木荷，沿路林木葱茏，山风送爽，适合驴友刷山，也适合亲子休闲。走完下山的大段台阶路，便是梅林绿道，不远即终点——梅林水库绿道涂鸦墙。

🔍 边走边看

塘朗山

塘朗山，属于鸡公山系，主峰海拔432米，是连接深圳东部与西部生态廊道的唯一通道，也是深圳中心区域重要的生态安全屏障和物种基因库。塘朗山植被茂密，物种多样，建有完善的步道网络，是深圳人家门口的山野秘境。

极目阁

极目阁位于塘朗山顶，是塘朗山郊野公园最醒目的地标。周围有近千平方米的山顶看台，可以360度观赏深圳城区风光。

塘朗山郊野公园内的石阶路

◎ **鲲鹏径第八段** 梅林水库绿道涂鸦墙—银湖山武警医院登山口

走进城市山林 释放天赋野性

标距柱　**Y K125—Y K151**

累计爬升　**736 米**

路线长度　**13 千米**

徒步时间　**6—8 小时**

路线难度　★★★★☆

交通指引

梅林文体中心出入口

周边公交站：梅林文体中心站

周边地铁站：9 号线下梅林站 D 口

银湖山武警医院登山口

周边公交站：罗湖区图书馆站

自驾：武警医院停车场

◁ 行走指南

　　鲲鹏径第八段长约 13 千米，横跨梅林山、银湖山山脊，是经典户外线"塘梅银"穿越线的后半段，也是天然的城市景观看台。虽然地处福田、罗湖中心城区，但大部分路段保留着山野的原始风貌，除银湖山郊野公园内有大段台阶路外，其他路段均为山脊土路，上下坡度陡峭，野气十足。

　　从梅林水库绿道涂鸦墙对面的登山口上山，便接续行走塘朗山延伸过来的、横亘于城市中央的山脊线。向东经过白眉石、飞来石，从大脑壳后穿过，经一号生态廊桥，连接到银湖山。银湖山郊野公园内，大部分为修建完整的登山道，过了罗湖龙岗龙华三区界碑，道路重回防火林中的土路。其中有多处 200 米左右的陡峭山坡，让你领略隐藏于城市中心的自然野性。下至山脚，有岔路口通往武警医院出入口，那里是本段与第九段的衔接处。

梅林山上的手作步道

梅林山

Q 边走边看

梅林山

　　梅林山东连银湖山，西接塘朗山，中部被梅林水库及水源保护区一分为二，形成南、北两部分。主峰大脑壳，海拔 385.4 米，是重要的城市景观看台之一。

银湖山

　　银湖山位于深圳市中部，跨福田、罗湖、龙华、龙岗四个行政区。山上沟深林茂，登山道四通八达，最高峰鸡公头，海拔 445 米，是多条郊野径的交会点。

银湖山上的手作步道

一号生态廊桥

　　鲲鹏径一号生态廊桥，位于梅林山与银湖山之间，是"一脊一带二十廊"生态骨架中"一脊"的重要节点。桥身横跨梅观大道，长76.8米，桥宽35.5—48.6米，桥下净高11米，是两山之间重要的动物通道和人行步道。

鲲鹏径第九段　银湖山武警医院登山口—东湖公园

穿行公园城市 踏访半城山水

标距柱	**Y K152—Y K169**
累计爬升	**313 米**
路线长度	**11 千米** (替代线 9.5 千米)
徒步时间	**4—5 小时**
路线难度	★★☆☆☆

交通指引

银湖山武警医院登山口
周边公交站：罗湖区图书馆站
自驾：武警医院停车场
东湖公园
周边公交站： 水库总站站
周边地铁站：5 号线 /7 号线太安站 C 口

行走指南

　　鲲鹏径第九段穿越于坐拥一山四湖的罗湖区，途经银湖山郊野公园、红岗公园、围岭公园、布心山郊野公园、翠湖文体公园和东湖公园，一路山水旖旎，翠色怡人，可以感受罗湖人家门口的郊野休闲生活，偶尔还可眺望东边的深圳水库、梧桐山和小梧桐电视塔。

　　目前银湖山郊野公园和红岗公园东、西区之间被交通干线隔断，正修建鲲鹏径二、三号桥弥合断点，未来可畅行于三园之间。现暂行替代线：从银湖山郊野公园的武警医院登山口出发，经红岗路—泥岗东路辅路—文锦北路，穿过东晓光影隧道至围岭公园。围岭公园保持着原生态山林，富有野趣，登顶可远眺梧桐山。之后出公园左转，沿金洲路至布心山郊野径入口，翻越布心山后可至翠湖文体公园。出翠湖文体公园沿爱国路人行道南行约 1 千米便

围岭公园土路

抵达终点东湖公园。目前罗湖区正在打造贯通环深圳水库绿道，完工后可以直接接入爱国路东侧的滨水绿道抵达终点。

$\bigcirc$ 边走边看

布心山郊野公园

布心山郊野公园始建于 2005 年。园中山林原始，生态丰富，并与山脚的淘金山绿道和淘金山自然教育中心相连。

翠湖文体公园

翠湖文体公园是深圳首个零碳文体公园，有眺望梧桐山水的优美景致，也有实现低碳排放的高新科技。公园中的河狸乐园是孩子们的游乐天堂。

布心山郊野公园手作步道

翠湖文体公园

🎯 鲲鹏径第十段 东湖公园—望桐新路

东湖之畔梧桐西 湖光山色两相宜

标距柱	**Y K170—Y K191**
累计爬升	**156米**
路线长度	**11千米**
徒步时间	**4—5小时**
路线难度	★★☆☆☆

交通指引

东湖公园
周边公交站：水库总站站
周边地铁站：5号线/7号线太安站C口
望桐新路出入口
周边公交站：梧桐山公交场站
自驾：大梧桐停车点

🧭 行走指南

梧桐山河

鲲鹏径第十段从东湖公园西门出发，到梧桐山脚的望桐新路结束，主体由深圳经典绿道——梧桐绿道构成。这条依山傍水的路线，左临波光粼粼的深圳水库，右依草木苍苍的梧桐山，连接碧水潺潺的梧桐河，环境优美，风光秀丽，既可以悠闲漫步，也适宜畅意骑行。

从东湖公园西门进入（环水库绿道建成后，可以从水库西岸直接走到孔子像），沿东湖二路东行，便接上了水库东岸的梧桐绿道。从这里到仙湖驿站，是一段沿水岸蜿蜒伸展的滨水路线，路边建有多个凉亭和景观栈道，方便易行；仙湖驿站是途中可供休憩的重要节点，由此沿深圳水库、林果场及新平村荔枝园可以一路走到梧桐山河，再沿着河畔山水相映的风景带，一路向梧桐山风景区北门方向前行，就可抵达望桐新路终点。

Q 边走边看

仙湖驿站

　　仙湖驿站临近仙湖植物园市花园，是梧桐绿道上最大的驿站。这里有自动售卖机、公共厕所和一些休息设施，是绿道中途重要的休息点。

梧桐绿道

深圳水库

　　深圳水库是 20 世纪 60 年代为解决深港两地的缺水问题而兴建的，是东深供水工程的最后一站。水库正常蓄水位 27.6 米，保护区面积 58.98 平方千米，是深港两地最重要的饮用水水源地。

深圳水库

◎ 鲲鹏径第十一段　望桐新路—谭仙公庙

好汉坡前赏杜鹃 第一峰上看烟云

标距柱	**YK192—YK217**
累计爬升	**1234 米**
路线长度	**12 千米**
徒步时间	**6 小时**
路线难度	★★★★☆

交通指引

望桐新路出入口
周边公交站：梧桐山公交场站
自驾：大梧桐停车点

谭仙公庙出入口
周边公交站：嘉长源创意园站
自驾：西坑社区停车场

◁ 行走指南

　　鲲鹏径第十一段横穿梧桐山，依次翻越小梧桐、豆腐头、大梧桐三大主峰，串联十里杜鹃等景观，直至攀上深圳最高峰梧桐山巅，是鲲鹏径风光峻美的路段之一。

　　第十一段前半段是上山路。从望桐新路入山，起步便开始攀登，经过一段连续的攀爬抵达第一个山峰犁头尖，前行不远便是小梧桐。这里面北是观赏毛棉杜鹃的看台，向南则拐入全长 2.2 千米的十里杜鹃长廊，从此一路山花林海，风光无限。过豆腐头、双凤亭可抵达好汉坡广场，接下来一口气爬完 1.18 千米的陡直台阶，便登顶鹏城最高峰大梧桐山顶了。从大梧桐山顶下行，走的是含笑径和攀云径。前者是欣赏深山含笑的林中小径，后者是视野开阔的山脊。到山腰处再沿着盐田龙岗交界线，行至小坳，翻过梅香岭便抵达谭仙公庙了。

好汉坡

○ 边走边看

杜鹃啼红

　　杜鹃啼红位于梧桐山第二高峰豆腐头山顶区域,面积约24万平方米,为映山红群落景观。每年3月下旬至4月初,一片片火红的映山红在绿树青山间极为惹眼,营造出"天海无尘芳畹净,云霞匝地杜鹃红"的艳丽景观。

豆腐头

深山含笑谷

　　深山含笑谷位于鹏城第一峰的东北面,这里分布着整片野生的深山含笑。每到春天,含笑花开,朵朵白花如白云飘浮山间,芳香四溢。

含笑谷

梧桐山

　　梧桐山跨罗湖、龙岗和盐田三区，占地约 31.82 平方千米，是深港两地的关键生态节点，也是珠三角地区珍稀动植物的庇护地和资源库。"梧桐烟云"为深圳新八景之一。主峰大梧桐海拔约 944 米，是深圳最高山峰。

⦿ 鲲鹏径第十二段 谭仙公庙—马峦山郊野公园西北门

越过梅沙尖 奔向马峦山

标距柱	**Y K218—Y K252**
累计爬升	**1012 米**
路线长度	**20 千米**
徒步时间	**6—10 小时**
路线难度	★★★★☆

交通指引

谭仙公庙出入口
周边公交站：嘉长源创意园站
自驾：西坑社区停车场

马峦山郊野公园西北门
周边公交站：马峦山郊野公园站
自驾：马峦山郊野公园 1 号停车场

◁ 行走指南

鲲鹏径第十二段全长 20 千米，连接起梧桐山、梅沙尖、三洲田、马峦山等一众山水，是鲲鹏径上山水景观丰富、人文历史深厚的精华路段。本段全程行走在自然山野，有多处较陡的爬升，其中梅沙尖和打鼓嶂都是著名的景观看台。

起点谭仙公庙位于梅沙尖与梧桐山之间的山坳，从这里攀过嶂顶，便抵达小三洲，这里是深圳人春天看樱花的地方；从梅沙尖登山口绕过山脚的手作步道，可以直攀海拔 753 米的梅沙尖，在这里可以俯瞰盐田的山海港城；从梅沙尖背后的郊野径下山，绕经庚子首义雕塑园，便进入茶溪谷内部的郊野径，这里有茂林修竹，曲径通幽；从"九曲十八弯"绕出东部华侨城，经深圳抽水蓄能电站巡逻公路上山，沿山脊可以爬上打鼓嶂俯瞰三洲田秀丽的水库风光。

一路风光旖旎的第十二段从打鼓嶂下

远足径上的徒步者

山后经碧三路便进入马峦山郊野公园，再沿着园内管线巡查路步行约 2 千米便抵达本段终点。

梅沙尖

　　梅沙尖海拔 753 米，是深圳第三高峰，远望如巨大的尖锥从群山中拔起。从山腰开始，有一条陡直的登山道，直通峰顶，状如天梯。在高耸的山尖，正在搭建一座城市看台，在此可以远眺梧桐山、大鹏湾、三洲田壮丽山水。

打鼓嶂与三洲田

　　打鼓嶂又叫打鼓岭，海拔约529米，山岭蜿蜒起伏，是深圳坪山、盐田、龙岗三区的界山，也是户外爱好者青睐的热门打卡地。在山顶可俯瞰三洲田水库和东部华侨城怡人的风景。

　　三洲田水库建在群山之中，是深圳海拔最高的水库，蓄水位为313.1米，被称为"云端水库"。湖中岛屿众多，波平如镜，被驴友戏称为"深圳的千岛湖"。

◎ **鲲鹏径第十三段** 马峦山郊野公园西北门—罗氏大屋

夏听瀑声清凉 冬遇梅花清香

标距柱　**Y K253—Y K272**

累计爬升　**574 米**

路线长度　**10.5 千米**

徒步时间　**7 小时**

路线难度　★★★☆☆

交通指引

马峦山郊野公园西北门
周边公交站：马峦山郊野公园站
自驾：马峦山郊野公园 1 号停车场

马峦山郊野公园北门
周边公交站：马峦山园区总站
自驾：马峦山郊野公园 3 号停车场

◁ 行走指南

梅亭

　　鲲鹏径第十三段位于马峦山西部，始于马峦山郊野公园西北门，途经碧岭瀑布群步道、碧岭手作步道、坪盐赏梅步道等，最后到达罗氏大屋，一路既可观赏山林瀑布自然美景，也能寻访客家古村遗迹。

　　本路段前半程充满野趣，修缮成熟的手作步道伴着哗哗流淌的瀑布声，在密布的森林中穿行，沿途的科普牌上设计有博物知识。后半段为机耕路和绿道，路面平坦，行走轻松。中途经过老围村、马峦村等客家古村落，闲花野草，一派田园风情。若是冬春季节行走，还可欣赏坪盐赏梅步道上怒放的万株梅花。过了梅亭，便可抵达本段的终点罗氏大屋。

马峦山瀑布

🔍 边走边看

梅亭

　　马峦山上千亩梅园是深圳面积最大的梅林。每年 1—2 月，梅花盛开，登上梅亭，可一览梅花遍野的盛景。

碧岭瀑布

　　到马峦山看瀑布是许多市民游客户外休闲的选择。马峦山上有碧岭瀑布群步道，可溯溪纳凉，水声与凉意相伴；近观瀑布，看银河落九天之壮观；多样的物种、丰富的生态，让这里成为开放的自然博物馆。

⦿ 鲲鹏径第十四段 　罗氏大屋一犁壁山

走读山湖林海 寻访古村老树

标距柱 **Y K273—Y K296**

累计爬升 **473 米**

路线长度 **12 千米**

徒步时间 **5—7 小时**

路线难度 ★★★☆☆

交通指引

马峦山郊野公园北门

周边公交站：马峦山园区总站

自驾：马峦山郊野公园 3 号停车场

金龟村出入口

周边公交站：金龟村站

自驾：金龟村

◁ 行走指南

鲲鹏径第十四段接续在马峦山腹地延伸，幽远清旷，野性十足，经老树古村、溪流水库，在自然的画卷中见万物缤纷。

从罗氏大屋出发，会经过几座客家老屋。之后转入在山野中蜿蜒的坪大诗歌步道，一路竖立的诗歌牌，展示着深圳孩子与本土诗人创作的小诗。

连续翻越几座小山后，道路转入红花岭水库的环湖绿道。在平坦的路面行走约 4 千米便再次进入山林。接下来的一段土路坡度较大，途中有两处陡坡须借助拉绳攀爬。登顶赤澳岭后，就看见大鹏湾。接着沿山脊小道下行，穿越重重密林，经坪山/大鹏 45 号界碑后不久抵达一个三岔口，此处为第十四段终点，可继续行走第十五段，也可由此经赤金线下撤至金龟村。

诗歌牌

Q 边走边看

罗氏大屋

罗氏大屋

罗氏大屋为典型的客家围屋建筑，这里也是庚子首义旧址，斑驳的墙面镌刻着历史的痕迹。抗日战争时期，中共东江军委在罗氏大屋成立，东江纵队指挥部曾设立在这里。

红花岭村

红花岭水库旁的红花岭村，是马峦山上的客家古村，已有数百年历史。旧村地处山间，每年会迎来漫山的红杜鹃，故而得名。

陡直的岩石坡面

鲲鹏径第十五段　犁壁山—葵涌生态公园

穿林海跨芳野 奔向半岛海岸

标距柱　Y K297—Y K309

累计爬升　298 米

路线长度　6.5 千米

徒步时间　3—4 小时

路线难度　★★★☆☆

交通指引

金龟村出入口

周边公交站：金龟村站

自驾：金龟村

葵涌生态公园

周边公交站：沙鱼涌站

自驾：沙鱼涌景区 1 号停车场

行走指南

鲲鹏径第十五段从马峦山逐渐过渡至大鹏半岛的海岸山脉，一路深林幽翠，山径曲折，还可俯瞰土洋的海天风光，是一段山野到海岸的衔接之旅。

起点位于马峦群峰之一犁壁山，可从金龟村经赤壶线抵达。前半段在犁壁山的山林中穿行，小路人迹依稀，部分下行山路又陡又窄。犁壁山顶有个瞭望台，可远眺沙鱼涌的沙滩码头。

翻过犁壁山，便进入行山公园。之后为园内的台阶路，路旁竖立着讲述东江纵队红色故事的宣传牌。由此一路下山，蔚蓝大海渐行渐近。出行山公园，沿着深葵路往东走便可抵达终点。

行山公园山海风光

东纵主题宣传牌

穿越在犁壁山丛林的徒步者

◎ **鲲鹏径第十六段** 葵涌生态公园—金沙大道

行走苍茫山海 追寻红色记忆

标距柱	**Y K310—Y K339**	

累计爬升 **407 米**

路线长度 **13 千米**

徒步时间 **6—8 小时**

路线难度 **★★★☆☆**

交通指引

葵涌生态公园
周边公交站：沙鱼涌站
自驾：沙鱼涌景区 1 号停车场

金沙大道出入口
周边公交站：国家基因库站
自驾：观音山公园停车场

⊲ 行走指南

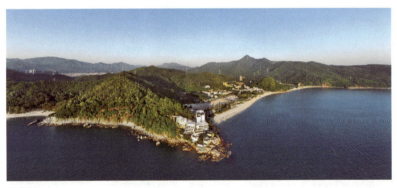

官湖沙滩

　　从第十六段开始，鲲鹏径正式进入山海环抱的大鹏半岛。可一边行走，一边观赏无敌海景，体验大鹏独特的渔村风情和历史底蕴。

　　由深葵路出发，经沙鱼涌路，向南便是沙鱼涌村。古村的海岸曾经是东江纵队北撤之地，建有纪念公园，可缅怀先辈志士的铁血丹心。行至官湖沙滩，可遇南澳玻璃海。之后转向东北方向，穿过官湖村，沿葵鹏路向南进入迭福山绿道。绿道在半山延伸，可望海。

　　从绿道的岔路口下山，会路过咸头岭遗址和迭福路桥，接着左拐穿越观音山。小山不高，胜在野性清幽。下山后便直抵金沙大道，与第十七段衔接。

○ 边走边看

东纵北撤纪念公园

东纵北撤纪念公园

公园位于沙鱼涌沙滩北侧，由东江纵队北撤纪念亭、东江纵队北撤纪念碑、姓名墙等构成。纪念亭内有碑刻，记述了 1946 年夏，东江纵队和广东省各武装部队 2583 名指战员奉命北撤的故事。

沙鱼涌村

沙鱼涌村是一座拥有 500 年历史的古村落。古时这里因盐而兴，后成为重要的货运码头。抗日战争时期是东江纵队的根据地之一。

咸头岭遗址

咸头岭遗址位于大鹏街道办事处咸头岭村，于 1981 年在考古普查中被发现。已出土了大量白陶、彩陶、石器等史前人类文化遗存。

南澳海岸

◎ 鲲鹏径第十七段　金沙大道—鹅公村

攀上山脊瞰海 环绕海岸行山

标距柱	**Y K340—Y K374**	
累计爬升	**713 米**	
路线长度	**17 千米** （替代线 16.5 千米）	
徒步时间	**6—8 小时**	
路线难度	★★★★☆	

交通指引

金沙大道出入口
周边公交站：国家基因库站
自驾：观音山公园停车场

鹅公村出入口
周边公交站：南澳洋畴湾站
自驾：南澳西涌柚柑湾潜水度假村停车场

◁ 行走指南

　　鲲鹏径第十七段穿越大鹏半岛颈部连接地带，在群山与大海之间蜿蜒，既可看金沙夕照、苍茫翠脊，也可探烟墩古迹、人间烟火。

　　第十七段以金沙大道为起点，沿金沙路向东行至云海山庄，由此进山攀上英管岭，欣

赏山海交汇的壮阔景观，继而下山，抵达水头沙村。此后经水沙路、海滨北路、海滨南路，步行至月亮湾广场。从月亮湾广场沿着海港路继续行走，过双拥码头，转入富民路，由此沿着海岸东行至洋畴湾，道路便循山而上，全程市政道路，最终抵达鹅公村。

目前，云海山庄至水头沙段正在规划滨海骑行道，建成后，鲲鹏径将由此通过，徒步者可近距离观赏滨海风光。

Q 边走边看

月亮湾广场

月亮湾广场位于大鹏半岛南澳街道中心，拥有开阔的海景风光，海面上的渔船点点与傍晚时的落日熔金为此处添上了几分迷人颜色。每年的龙舟赛、开渔节更是聚集人气，千帆竞发的壮观场景与新鲜打捞的各色渔获无不成为游客的心头所爱。

鹅公村

鹅公村位于鹅公岭西侧半山腰上，是南澳街道五大古村之一，至今已有 200 多年的历史。20 世纪 90 年代起，鹅公村村民们陆续外迁，古村归于宁静，只留老屋古树掩映在苍山之中。

鲲鹏径第十八段　鹅公村—西涌旅游度假区

日走青山碧海 夜看星火流萤

		交通指引
标距柱	**Y K375—Y K394**	**鹅公村出入口**
累计爬升	**178 米**	周边公交站：南澳洋畴湾站
路线长度	**10 千米**	自驾：南澳西涌柚柑湾潜水度假村停车场
徒步时间	**5—6 小时**	**西涌 4 号沙滩入口**
路线难度	★★★☆☆	周边公交站：鹤薮村站
		自驾：西涌海滨浴场停车点

⚲ 行走指南

　　鲲鹏径第十八段全程山海相伴，风光宜人。前半程为山路，从鹅公村至大鹿港观景平台为平坦的机耕路，行走舒适。到观景平台可眺望大鹿港澄澈的海水，接着拐入密林丛生的西贡古道，一路抵达西贡村。后半程进入西涌暗夜社区，从西贡村，经南西路、鹤芽路、新海路，最终抵达西涌海滨浴场 4 号沙滩附近。沿途一侧是美丽的西涌沙滩，一侧是宁静祥和的古村落，每逢夏季，还可欣赏星空流萤，是一段既有野趣也轻松浪漫的路程。

鲲鹏径第十八段的徒步者

Q 边走边看

西贡村

西贡村地处西涌海岸边，背靠红花岭，是一个遗世独立的客家古村落。据《宝安县志》记载，西贡村约有 200 年历史。村中保留有 60 座砖木结构的传统客家民居，以及一棵树龄已 500 多年的古樟树。

鸟瞰鹅公村—西贡穿越线路

大鹿港

大鹿港

大鹿港是深圳最美的原生态沙滩之一，海水澄澈，银沙细腻。从大鹿港观景平台直直下山 700 多米可抵达海岸边。

西涌暗夜社区

　　大鹏西涌社区是中国首个国际暗夜社区，也是深圳最理想的观星点。这里有众多可观璀璨星河的场所，有天文现象时会关闭户外灯光，夏季能与漫山遍野的萤火虫共舞。

◎ **鲲鹏径第十九段** 　西涌旅游度假区—东涌社区

西涌东涌 穿越深圳最美海岸

标距柱	**Y K395—Y K406**
累计爬升	**138 米**
路线长度	**6 千米**
徒步时间	**6—8 小时**
路线难度	★★★★★

交通指引

西涌 4 号沙滩入口
周边公交站：鹤薮村站
自驾：西涌海滨浴场停车点
东涌社区入口
周边公交站：东涌社区工作站站
自驾：东涌旅游区停车场

◁ 行走指南

　　鲲鹏径第十九段起于西涌旅游度假区，止于东涌社区东涌路登山口，主体路段是深圳户外最著名的海岸穿越线——东西涌穿越线。整条路崖高坡陡，石岸险峻，但海天壮阔，风光绝胜，这里曾被《中国国家地理》杂志评为中国最美八大海岸之一，是鲲鹏径上山海风光最美的路段，也是唯一被定为难度五星级的路段。

　　从西涌海滨旅游度假区 4 号门进入，在碧海蓝天之间，要连续翻越 5 座陡峭山头，跨过多个巨石嶙峋的海湾，一路遍布着大鹏半岛独特的海蚀地貌，部分路段需要借助铁链攀爬通过，行走的谨慎与壮丽的美景一路相伴。离开海岸后，越过一座山坡进入东涌社区，这里有茂密的红树林湿地，沿着东涌路北行，便与第二十段相会于山脚。

怪石嶙峋的海岸

东西涌穿越线

🔍 边走边看

西涌沙滩

　　西涌沙滩全长 5 千米，宽约 150 米，呈月牙形优美舒展。这里碧海蓝天，水清沙幼，依傍着古村老树，是深圳最火爆的度假地之一。

东涌湿地

　　东涌红树林湿地位于东涌社区入海口，占地面积 20 多万平方米，生长着目前深圳发现的面积最大的海漆群落。

东涌湿地

📍 **鲲鹏径第二十段** 　东涌社区—七娘山大雁顶

远望天高海阔 回眸绿水青山

标距柱　　**Y K407—Y K415**

累计爬升　**854 米**

路线长度　**4 千米**

徒步时间　**3—4 小时**

路线难度　★★★★☆

交通指引

东涌社区出入口
周边公交站：东涌社区工作站站
自驾：东涌旅游区停车场

鹿咀山庄出入口
周边公交站：杨梅坑站
自驾：杨梅坑停车场

🧭 **行走指南**

第二十段上的徒步者

　　鲲鹏径一路攀山越岭，踏遍约 200 千米的峰湖林海，到大鹏半岛七娘山大雁顶，终于画上一个完美的句号。第二十段便是这条长路最后的冲刺，全程不到 4 千米的距离，累计爬升 800 多米，一路坡长路陡。

　　从东涌社区山脚下出发，起步是一段陡直的手作步道，几百米后便走上原始登山路。行走约 2 千米之后抵达第一个山峰三角山，之后继续攀爬 1 千多米，便登上海拔 801 米的大雁顶。这里立有鲲鹏径终点标志及最后一个标距柱 Y K415。站在大雁顶上，回首翠峰云海，远眺天高海阔，四百里精彩难忘的路程就此结束。

从大雁顶上俯瞰大鹏山海风光

Q 边走边看

七娘山

七娘山又名大鹏山，位于大鹏新区东南部，包括七娘山主峰、大雁顶、老虎山、三角山等 7 个山峰。主峰海拔 886.5 米，是深圳市第二高峰。七娘山起源于 1.45 亿—1.35 亿年前晚侏罗纪到早白垩纪，是我国东南沿海中生代火山活动演化阶段重要的地质遗迹。

大鹏半岛国家地质公园

2005 年，国土资源部正式批准成立深圳大鹏半岛国家地质公园。公园景观以古火山和海岸地貌为特征，是具有区域典型地质意义和景观意义的国家级地质公园。

大雁顶

大雁顶是深圳第三高峰、七娘山第二高峰、大鹏半岛南部最高山峰，海拔高度801 米，与七娘山主峰遥相呼应，共同构成大鹏半岛壮丽的山景。

鲲鹏径终点

鹿咀山庄

　　鹿咀山庄位于大鹏半岛最东端，这里拥有独特的地质地貌，可以看到海蚀崖、海蚀洞。这里是周星驰电影《美人鱼》的取景地，因此这里的海蚀洞也有了"美人鱼洞"的美名。

🌸 博物赏识

　　绵延约 200 千米的鲲鹏径跨越了深圳的山河湖海，连接起形态多样的自然生境，是一条徒步的黄金线，也是一座生动的博物课堂。行走其间，你不仅可以领略四季不同的风景，还有机会邂逅生活在这片土地上的美丽生灵。

　　木荷是路上见到最多的植物，它们是优良的防火树种。鲲鹏径所经过的山脊土路，大部分是从成片的木荷林带穿过。春天可以看到满树白色的花朵，秋天枝上结满球形蒴果。而更多时候你会踩着它们盘曲坚韧的老根走过。山林下面的土坡上，芒萁总是唱主角，它不断"人"字形分杈的叶子覆盖了裸露的荒坡。

　　进入夏天，桃金娘开花了，粉红色的花朵让山野有了温柔的生气；还有毛冬，它们是夏日山路上最常见的伙伴，圆满而鲜艳的花朵释放出山野最质朴的美丽。

　　灌草丛生的路边，还有叶子像兰草一样的山菅兰，它蓝色的果子闪着青金石般的光泽，是深圳常见的有毒植物。还有草珊瑚、栀子、野芝麻……四季都有不同的花开，都有不同的惊喜相逢。

木荷

芒萁

草珊瑚

石斑木、杜鹃

　　春天最早见到的是石斑木，所以人们叫它"春花"，从凤凰山到大雁顶一路都能看到它开花的样子。东部的山野盛开着杜鹃，染出了很多"红花岭"，所以人们叫它"映山红"，它是酸性土壤指示物种。

石斑木

杜鹃

山菅兰

⚓ 步道故事

远足径：山海深圳新名片

　　山环海抱的深圳，近 2000 平方千米的土地上，青山绵延，河湖网布，拥有得天独厚的自然资源和温暖湿润的季候优势。近年来，深圳全面推进"山海连城"计划，着力贯通"一脊一带二十廊"，将最具代表性的海湾、山体、河流、大型绿地、人文历史景观等进行系统连接，并构建起东西贯通、南北互联的深圳远足径体系。

　　根据规划，深圳远足径体系以"环境友善，以人为本"为原则，旨在形成纵贯山海，穿越深圳自然之脊的远足径主线和串联特色自然资源的远足径支线，以及连接自然与城市的郊野徒步网络，借此为市民提供丰富的亲自然体验，让城市与自然"零距离"相拥。作为深度连接人与自然的重要纽带，深圳远足径体系为生态文明时代重构高密度超大城市的人与自然关系提供新契机与新方向。

　　2024 年，一条长约 200 千米，从西至东串联起深圳山、海、城风光之大观的远足径主线——鲲鹏径——贯通了。在它的两端，还衔接有远足径西北支线凤凰径、东北支线翠微径，它们连接起横贯深圳东西的山脊翠脉，与经典的阳台山环线、马峦山环线、三水线一起构成了"三径三线"远足径体系，成为深圳的一张山海新名片。

　　深圳远足径是实现"山海连城，公园城市"、贯通"一脊一带二十廊"中"一脊"的重要载体，既能为公众提供安全丰富的亲自然路径，构建人与自然间连接的纽带，又让生态文明理念成为城市休闲生活方式的实践。

　　山　程，水　程，鲲鹏径已成为深圳人徒步的热门路线之一。有人说，鲲鹏径是当代深圳人留给未来深圳人的一份礼物。随着深圳远足径体系的完善，走得进山，亲得近水，赏得了城的美好愿景将更多地照进现实。

第二程

福田

山水荣城 草木春深

在深圳的城市记忆中，有一条用铁丝网筑起的"特区管理线"，沿着城市山脉横贯东西，这条管理线也被称为"二线"，它将深圳市分成了"特区内"和"特区外"（也称关内和关外）两个世界。

2018年1月，贯穿深圳经济特区建设史的"二线关"告别历史舞台，这条边防管理线也完成了历史使命。而保留着铁丝网、石板路的二线巡逻道则变身为市民休闲健身的景观步道。

行走在二线关步道，你能回望特区的历史、触摸城市的肌理、感受自然的气息、遥望繁华的都市，品味深圳改革开放留下的独特痕迹。

二线关步道

关内关外 巡逻道上的特区记忆

🧭 行走指南

　　二线关步道是横贯深圳东西 84.6 千米的二线巡逻道中的一段，从福田梅林片区翻越塘朗山直抵南山西丽片区。步道主体是石板铺成的路面，平整古朴又富于深沉的年代记忆。路线前半段穿过梅林山郊野公园，沿途有多个登山口可直达梅林山山脊；路线中段的梅林绿道涂鸦墙是深圳远足径"鲲鹏径"第七段和第八段的交会点，向西可以到达塘朗山郊野公园。路线总体没有爬升难度，中间高，两端低，两端均靠近地铁站，行走非常方便。

长源村

⑥

⑤ 双道廊桥驿站

台湾相思

梅林山郊野公园

憨窝驿站

④ 梅林绿道涂鸦墙

塘朗山郊野公园

仙湖苏铁

梅林水库 ③

🕐 **休息点**　　👫 **洗手间**　　📍 **起终点**

步道分类

历史文化

步道路线

公安街—梅林绿道—长源绿道—长源村

路线长度 **8.5 千米**　　**徒步时间** **4 小时**　　**路线难度** ★★☆☆☆

交通指引

公安街

周边公交站：预审监管支队站、梅林三村站、梅林阁站

周边地铁站：9 号线梅村站 D 口

长源村

周边公交站：长岭陂地铁站站

周边地铁站：5 号线长岭陂站 A1 口

◎ **第 1 段** 公安街—梅林绿道—梅林水库

石板路上的历史足音

从梅村地铁站出来，沿着公安街一路北行，繁华的街区与喧嚣的人群渐渐隐于身后。当眼前出现一条安静的小路、沿着梅林山麓东西延伸，路边是茂密的古荔枝林与铁丝网，脚下是沧桑斑驳的石板路，那就是二线关步道了。

西行，向梅林水库方向行走。沿途有树木散落的浓荫，翩跹飞舞的蝴蝶。二线关步道最鲜明的特色就是一路相伴的铁丝网和水泥柱，这条长 84.6 千米的铁丝网曾经改变了很多人的命运。现在它们已经锈迹斑驳，有些残破。铁丝网外，可以听到梅林山流出的山泉水一路叮咚，很多藤蔓植物攀缠在铁丝网上，左旋右绕与网"共生"。中途会经过梅林坳驿站，这里也是绿道志愿服务站，可以稍作休憩，再继续前行。

行至梅林水库，视野豁然开朗，近有水库及山野风光，远处则是福田中心区的楼群。这里有个岔路口，沿着水库大坝一侧的绿道向南，可通往梅林文体中心出入口。

丛林中的二线关步道

○ 边走边看

梅林水库

　　梅林水库的前身是马泻水库，始建于 1956 年，经过扩建后自 1994 年开始承担调节下游新洲河洪峰的功能，三十年如一日守护着福田中心区的防洪安全。

　　三面环山、静谧清幽的梅林水库是周边居民休闲游憩的好地方。从山脚到水库顶部有笔直陡立的阶梯，大坝斜坡覆盖着青青葱葱的草坪。在大坝顶，可以眺望宁静的水面及倒映在水中的云天草树。泄洪沟旁的步行道边，还有中国古代治水文化长廊，雕刻着十位著名治水先贤、十项著名水利工程等，再现了中国历史上治水的实践与智慧。

梅林水库

梅林山郊野公园

　　位于福田区的梅林山郊野公园，地处深圳中轴线北端，交通方便，风光优美，是市民悠闲徒步的好去处。二线关步道上有多个登山口，可直入山林。梅林山多土路，行走起来充满野趣。登上山顶，还可俯瞰繁华的中心城区。

二线关步道上有数个梅林山的登山口

◎ **第2段** 梅林水库—梅林绿道涂鸦墙—长源村

穿过塘朗山，从福田到南山

沿着石板路继续前行约4千米，便来到梅林绿道涂鸦墙。这个普通的手绘墙是一处重要的标志点。这里是二线关步道梅林绿道段与长岭陂段的交界，也是福田区与南山区的分界处。与步道交叉而过的远足径"鲲鹏径"第七、第八段也在这里交会。走过这里，就进入南山地界，这段路原来叫"长源绿道"，现在改为"塘朗山郊野径长岭陂线"。

路面随山势逐渐下行。中途会遇到憨窝驿站、双道廊桥驿站等多个休憩点。

梅林山登山口

二线关步道科普牌

步道上遗留的二线关警示牌

🔍 边走边看

双道廊桥驿站

　　绿色集装箱组成的双道廊桥驿站不仅是徒步者途中避雨遮阴的休憩点，还因牛油果色的主体成为一处拍照打卡点。

　　"双道"指的是轨道与绿道，轨道即平南铁路轨道，绿道即二线关步道，两道在此交会，形成了一道独特的风景线。如果时间赶巧，站在二楼的观景台上可以看到火车飞驰而过。

双道廊桥驿站

长源村

　　长源村是二线关步道的西端终点。抗日战争时期，这里曾是羊台山（现名阳台山）抗日根据地的一部分，广东人民抗日游击队总队、东江纵队第三大队曾在此驻扎。

长岭陂地铁站

　　从二线关步道的南山出入口出来，路对面就是地铁 5 号线长岭陂站。它被赞誉为深圳最美的地铁站之一，背靠塘朗山，面向长岭陂水库，青翠苍茫的山景被嵌入了车窗与站台。

长岭陂地铁站旁的大沙河

✿ 博物赏识

仙湖苏铁

苏铁是世界上最古老的种子植物，有着活化石之称。仙湖苏铁因首次由深圳仙湖植物园科研人员发现而得名，是以深圳区域命名的第一种植物。现为国家一级重点保护野生植物，也是世界自然保护联盟濒危物种红色名录中的极危物种。梅林水库周边是仙湖苏铁野生种群分布地，设有仙湖苏铁自然保护小区。

仙湖苏铁

蝴蝶

二线关步道两侧生长着许多蜜源植物，吸引了许多蝴蝶吸粉采蜜。在行走时，常常能遇见各类蝴蝶，比如玉带凤蝶、报喜斑粉蝶、青凤蝶、蓝点紫斑蝶、串珠环蝶等。梅林山有条郊野径就叫"梅蝶线"。

蓝点紫斑蝶

禾雀花

阳春三月,是禾雀花的花期。此时走上二线关步道,能看见一串串禾雀花爬满藤蔓,如同万千雀鸟挤满了枝头。禾雀花,又名白花油麻藤,是深圳的乡土植物。马峦山、塘朗山、坝光、东湖公园都是禾雀花的观赏点。

禾雀花

蒜香藤

蒜香藤是紫葳科常绿藤状灌木。叶为深绿色二出复叶,有卷须。花腋生,聚伞花序,花冠筒状,开口五裂,刚开时为粉紫色,几天后慢慢转为粉色。盛花期为8—12月,其花、叶在搓揉之后,有大蒜的气味,因此得名"蒜香藤"。在二线关步道长岭陂段的铁丝网上可以看到蒜香藤密集的花朵。

蒜香藤

☕ 周边游玩

二线关步道东端离梅林卓悦汇购物中心不远,吃喝玩乐购都很方便。步道的西端是南山区西丽湖片区,周边商业配套设施齐备,你可以漫步在"没有围墙的大学城"西丽湖国际科教城,也可以沿着大沙河生态长廊继续行走,感受深圳"塞纳河"的美丽与风情。

✙ 步道故事

二线关步道旁的铁丝网

二线关的建与撤

　　深圳改革开放的故事，可以回溯到 1978 年党的十一届三中全会召开，中国开始实行对内改革、对外开放的政策。深圳因毗邻香港，有着得天独厚的地理位置及引进外资的条件，成为中国内地最早一批成立的经济特区之一，并于 1981 年规划了特区的范围。为了保障特区开发建设、维护深港边境安全、确保香港繁荣稳定，特区与非特区之间建起了一条全长84.6 千米的特区管理线（粤港边境管理线为"一线"，特区管理线为"二线"），随之一座座深圳经济特区检查站也在"二线"上建立起来，以对进出特区的人员进行排查和管理，这些检查站被称为"二线关"。那时，二线关内外宛如两个世界，两侧政策福利、衣食住行截然不同，关外人想进关内看看，还需凭身份证及边防通行证，接受边防官兵的检查。

　　随着经济特区的飞速发展，特区扩容成为亟待解决的问题。2010 年，深圳经济特区范围延伸到全市。为了加快特区一体化建设，2018 年，国务院同意撤销深圳经济特区管理线，存在了 36 年的"二线关"成为历史。

福田节日大道

高楼繁景间 欢乐正上演

福田节日大道位于深圳福田区福华路，东至彩田路，西及民田路，全长约1.3千米，两侧分布着卓悦中心、领展中心城、皇庭广场等六大购物中心、约200万平方米商业综合体，环绕着大中华国际交易广场、深圳会展中心、平安金融中心等地标建筑。福田节日大道是国内首个以"节日文化"为主题的公共文化街区，每逢佳节，这条道路就会像它的名字一样，开展精彩纷呈的文体活动，化身为体验节日文化的"文艺大道"，市民游客涌上街头，在欢乐与喜庆之间尽情徜徉。

⊙ 行走指南

　　福田节日大道是一条复合着多重空间与功能的道路，步道路线并不长，"短而精悍"地横贯城市中轴线，路面平坦宽敞，视野开阔；绿树和建筑物交替为行人遮挡风雨、日晒。行走其中，可进入道路两侧密布的购物中心，享受吃喝娱购的时尚消费；也可以打卡随处可见的"福气家族"IP、公共艺术装置，沉浸在网红街区浓郁的街头文化中。若是夜游福田节日大道，沿途流光溢彩，魅力四射，时常能观看到超有科技感的灯光秀表演。

　　从卓悦中心出发，会先来到充满现代设计感的增量美术馆。继续向西行走，便能到达著名的大中华国际交易广场，这里因建有 2000 平方米的直升机停机坪而走红。离开大中华广场，经皇庭广场、领展中心城，到达深圳唯一公园版情景式购物中心——COCO Park。一路向西，最后抵达民田路。

节日大道上的精彩活动

Q 边走边看

COCO Park

　　COCO Park 作为国内首个采用"内街"布局的购物中心，开创性地融合了景观设计，为深圳带来了前所未有的商业体验。走在 COCO Park，就像漫步在公园中，让人放松身心享受生活的美好。逾 200 家国际和国内知名品牌门店汇聚于此，各式餐饮摊位色香诱人，大型装置艺术和小型集市点缀其中，充满趣味性和互动性。

步道分类

城市风采

步道路线

卓悦中心—福华一路—民田路

交通指引

卓悦中心

周边公交站：岗厦地铁站站

周边地铁站：1 号线 /10 号线岗厦站 B 口

民田路

周边公交站：购物公园总站站、购物公园地
铁站站

周边地铁站：1 号线 /3 号线购物公园站 B 口

路线长度 **1.3 千米**

徒步时间 **0.5 小时**

路线难度 ★☆☆☆☆

特别提示

1. 除了常驻的"福气家族"IP，福田
节日大道上的装饰打卡设施时常更
新，通常有展出时限，想去打卡互
动请留意官方最新信息。

2. 大型节庆活动举行时，部分道路
通常会采取临时管制措施，请关注
深圳交警发布的动态公告。

平安金融中心

平安金融中心，这座高耸 600 米的摩天大楼，是目前世界第四、国内第二，以及华南地区最高的建筑。其结构独特，多个 V 形的石制立柱巧妙地将地面的张力传递至高空，形成了一个稳固而雄伟的支撑体系。建筑的 116 层设有观光层，全透明的玻璃墙面让人可以尽情欣赏深港的城市风光。

卓悦中心

卓悦中心以其开放式的商业构造，展现出独特的魅力。这里的中央大街，是一条专为漫步设计的"时尚大道"，它将整个卓悦中心贯穿起来：从现代艺术中心到大师雕塑，从主题广场到文天祥纪念馆等公共文化设施，为这条街注入了文化的灵魂。而中央大街上的沉浸式灯光设计，结合喷泉的跃动和演出活动的变化，使得夜晚的中央大街变成了一条闪烁的光影长廊，引人入胜。

卓悦中心

增量美术馆

增量美术馆，一处小巧而精致的展览空间，呈现三角形的延展体量。这个街边的艺术亭子，如同一处都市露营地，以其开放的姿态迎接着每一位过客。从外观上看，增量美术馆的结构中斜劈的杆骨架撑起，形成一种覆盖于上方的"帐篷"结构。置身其间，观众可以同时欣赏室内精心布置的展品和室外车水马龙的城市景象，两者在视觉和感受上交相辉映，为参观者提供了一种独特的艺术体验。

增量美术馆

大中华国际交易广场

大中华国际交易广场的外观在视觉上震撼人心，纯黑的玻璃幕墙深邃而稳重，高级感十足。这座建筑还拥有长达 42.5 米的亚洲最大跨度无柱大厅，是全国最大的单体建筑。其设计上采用了中间高、两侧低的独特造型，结合外墙的隔热防晒玻璃，使得大中华国际交易广场展现出一种无与伦比的强大气场，成为深圳一座令人瞩目的城市地标。

☕ **周边游玩**

与节日大道垂直延伸的是福田中轴线，这条中轴线上汇聚了深圳的众多标志性景点。你可以在城市绿洲莲花山公园漫步，或者在"金花银树"的深圳图书馆与音乐厅感受文化气息。喜欢建筑美学的朋友，不妨前往深圳市当代艺术与城市规划馆一探究竟。晚上，市民中心更是欣赏深圳灯光秀的绝佳地点。

⚖ **步道故事**

超级文化街区"养成记"

纽约第五大道，巴黎香榭丽舍大街，新加坡乌节路……这些街区都是足以代表国际都市形象的超级名片。深圳也有这样一条兼具国际范和辨识度的街区，这便是深圳节日大道。

为什么这条大道"花落"福华路？从空间属性上看，福华路优势堪称得天独厚：覆盖了福田两大最主要的商圈、CBD 商务集群，文化场地、城市公园一应俱全，高端住宅、星级酒店及各类城市特色空间鳞次栉比。然而，福华路设计伊始仅为通行，因而只具有基础功能，并不具备可以变身超级文化街区的软硬件条件。

2019 年，福田区启动了中心区交通设施及空间环境综合提升工程，致力建成安全、畅通，有品质、具智慧的世界一流街区。在此基础上，福华路中心商圈夜间经济功能不断完善，优化改造城区夜间照明功能，完善公共艺术装置、休闲设施等。同时，作为建设的"软件"，节日大道的概念逐渐清晰，街区活动的类型不断丰富，与各商圈的联动更加密切。节日大道被释放成为一块新型的城市文化空间。

以节日之名，以公共空间艺术展示为亮点，从新春巡游、元宵舞狮等中国传统节俗，到日常的咖啡节、音乐节，大大小小的节庆活动贯穿全年；不定期邀请独立艺术家、知名 IP 助阵，打造热门打卡点，烘托节庆活动氛围，为城市注入潮流元素。

"过节就到深圳节日大道"，正演变为深圳潮流文化的一大立面。来深圳节日大道过节，既像是对旧时赶集记忆的延续，也是对传统过节方式的发扬，日渐成为深圳人的过节新选项。

上步绿廊公园带，拥有深圳首个 400 米社区环形软塑胶跑道、500 平方米社区共建花园、1000 平方米全龄儿童友好空间、2500 平方米多功能大草坪及保留的 30 棵原生大树。它们相互交织、彼此相映，在车水马龙的上步路边铺开一张巨大的绿毯。上步绿廊步道，从北至南串联起这些不同主题的绿色空间，为奔忙的城市人开辟出一个惬意舒展的休闲空间。

上步绿廊

可以车水马龙 可以绿意葱茏

◁ 行走指南

　　从上步路八卦三路口出发，经过深圳市体育中心，直行便可到达上步绿廊公园。这条绿色休闲带以"生态优先、韧性健康、全龄友好"为原则，通过修复地表环境，结合市民需求，在上步路两侧打造了 9 个各具特色的社区公园。其间，有儿童友好型的玩乐装置，也有为年长者设计的休憩空间，而随处可见的健身设施更让这片城中绿地彰显出无限活力。

宇航熊乐园

步道分类　　城市风采

步道路线　　上步路八卦三路口—上步绿廊—红荔路华发路口

路线长度 **2.2千米**　　**徒步时间** **1小时**　　**路线难度** ★☆☆☆☆

交通指引

上步路八卦三路口

周边公交站：体育馆东站

周边地铁站：7号线/6号线八卦岭站G2口

红荔路华发路口

周边公交站：圣廷苑酒店站

周边地铁站：3号线/7号线华新站B口

○ 边走边看

深圳市体育中心

深圳市体育中心始建于 1985 年，是深圳全民健身之城的标志性建筑。2018 年，这里启动全面改造与升级计划，将打造成一个集专业竞演、全民健身、公共休闲、文化交流、群体活动及交通集散于一体的复合型城市体育综合体。

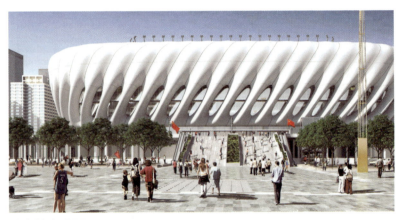

深圳市体育中心效果图

光岛园

光岛园内留存有大量地铁遗留设施，设计者因地制宜，将这些设施与场域特点相结合，一条蜿蜒的小径将其纳入景观营造的意境之中，形成独具特色的艺术长廊，别具新意。

生态旱溪标识

垅溪园

垅溪园是个小型的生态园，利用原有地形高差，将旱溪、石笼台地和净水广场相组合，与周围茂盛的花草树木一起，共同构成一幅"山、溪、湖"山水微景观。

星空园

星空园原本为地铁全开挖段，紧邻百花社区。现在这里成为深受孩子们喜欢的游乐场。火箭造型的宇航熊乐园、星系轮滑场、UFO基地、滑梯、跷跷板、攀爬网等，让孩子们流连忘返，快乐不断。

UFO基地

健身设施

绿廊内5个高标准的400米软塑胶跑道及900平方米的健身场地配置了儿童型、力量型和康养型健身设施，它们分散在树林和草地之间，为居民提供了一个"5分钟健身生活圈"。

健身设施

🌸 博物赏识

金斑蝶

　　金斑蝶隶属于鳞翅目斑蝶科斑蝶属，头、胸部黑色，上有白点；翅橙红色，前翅前缘及外缘黑色，翅端为黑色区，它的别名还有桦斑蝶、桦色斑蝶、蜜黄蝶、金青斑蝶、小红蝶等。金斑蝶是唯一一种迁徙的蝴蝶，它们每年进行一次特定线路的飞行，次年再飞回来。

金斑蝶

黑领椋鸟

　　黑领椋鸟是雀形目椋鸟科的鸟类，头、腰、尾羽末端白色，眼周、脸颊具黄色裸皮，颈部至上胸黑色，翼上黑白混杂。它们喜欢成对或成小群活动，常常边飞边叫，发出阵阵的嘈杂声，经过训练，还能模仿人类语言。因此，黑领椋鸟也被称作"花八哥"。

黑领椋鸟

蓝花草

蓝花草也叫翠芦莉，爵床科芦莉草属多年生草本植物，茎方形，红褐色；花呈紫色、粉色或蓝色，花期主要集中在 3—10 月，单花寿命短，常在清晨开放，黄昏凋谢。

蓝花草

美人蕉

美人蕉，多年生常绿草本植物，花色艳丽，又称"红蕉"。品种繁多，色彩丰富，花期长，株形好，高可达 1.5 米，被誉为"花坛皇后"，常被用于城市绿化。北方主要生长于 6—10 月，南方全年可见。

美人蕉

花叶芦竹

花叶芦竹是禾本科植物，原产于地中海一带，别名花叶玉竹、斑叶芦竹、彩叶芦竹，喜光照、喜温暖、耐水湿，是良好的水景、旱地景观植物，也可盆栽用于庭院观赏。

花叶芦竹

☕ 周边游玩

从上步绿廊东侧步行 800 米便是荔枝公园。这里遍布亭台楼阁，是一座具有岭南风情的休闲公园。此外，星空园的马路对面就是百花农场，这里是附近居民共建项目，里面有很多绿植花卉，甚至蔬菜，旁边是园岭社区健康主题公园。

⚘ 步道故事

绿地再生

在深圳福田区的心脏地带，上步绿廊公园带如同一条翡翠项链，环绕着这座城市，为钢筋水泥的森林带来了一抹清新的绿意。这条长约 1.7 千米的绿色走廊，曾是一片被轨道建设占据的地区，如今，它以全新的面貌，成为人与自然连接的桥梁。

上步绿廊的重生，是福田区"绿地再生"计划的结晶。3 万市民的参与，让这片土地焕发出新的活力。公园带由 9 个特色主题社区公园组成，每个公园都记载了不同的故事。这里有"垅溪园"的水声潺潺，"星空园"的星辰闪烁，"岩生园"的自然野趣，以及"光岛园"的光影变幻，它们共同编织着城市的绿色梦想。

公园带的设计，充分体现了"以人民为中心"的理念。这里保留的树木、修复的裸露地表、改善的微气候，以及再生材料的利用，海绵城市设施的增设，都体现了这座城市对自然的尊重和保护。上步绿廊不仅是市民休闲健身的好去处，更是社区文化的聚集地。音乐节、读书会、公益集市等活动，让这里成为文化交流的平台，也让市民的生活更加丰富多彩。

2022 年，上步绿廊公园荣获 IFLA—AAPME 国际图联大奖和中国风景园林学会科学技术奖规划设计奖一等奖等多个奖项，成为公园建设的典范。

第三程

罗湖

禅意山水 流金时光

　　祈福步道从梧桐山脚下出发，一路攀山越岭、渡溪傍湖，横跨罗湖、龙岗、盐田三区，直抵群峰拱卫的三洲田观音山。沿途串起了梧桐山、仙湖植物园、梅沙尖、三洲田等一众优美的自然景观，连接起深圳东部两大祈福圣地——弘法寺和大华兴寺。不仅是人们投身山水、回归自然、强健身心的生态观景步道，而且是走读深圳民俗宗教文化和本土历史发展的人文修养之旅。

祈福步道

灵山秀水求真意 花间云畔问禅家

休息点

洗手间

起终点

N

小坳水库

省立绿道二号线

5

梧桐山国家森林公园

4 梧桐山河碧道

罗汉松园

3

1

2

仙湖植物园北门

弘法寺

🧭 **行走指南**

祈福步道以仙湖植物园内部园路为起始，经镜湖，翻越梧桐山西北一座小山坡，下至望桐新路。接下来大部分路段为梧桐山二线巡逻道改造的绿道，也是广东省立绿道二号线的一部分。整条路沿梧桐山北麓弯曲延伸，沿线保留着二线巡逻道原有的铁丝网、岗亭，罗湖段还保留了原来的石板路。

步道经谭仙公庙至嶂顶后，视线变得开阔，梅沙尖与大鹏湾组合的山海风光进入视野。进入小三洲田后，沿途景点更为密集，道路也更开阔，可以边走边欣赏，一路通途直达大华兴寺。

9 东部华侨城

10 大华兴寺

8 小三洲水库

7 三洲田森林公园

6 谭仙公庙

步道分类　历史文化

步道路线　仙湖植物园北门—无忧路—松柏路—苏铁三路—苏铁四路—弘法寺—丹竹路—
罗汉松园—镜湖—望桐新路—望桐路—省立绿道二号线（小坳水库—谭仙公庙—
深蓄电站上水库）—盐三路—大华兴寺

路线长度　**27.2 千米**

徒步时间　**10—20 小时**

路线难度　★★★★☆

交通指引

仙湖植物园北门
周边地铁站：2 号线仙湖路站 C 口
周边公交站：仙湖植物园总站站

大华兴寺
周边公交站：大华兴寺停车场站（云海专线）
自驾：大华兴寺停车场

特别提示

1. 可在"深圳仙湖植物园""美丽深圳"公
众号购买仙湖植物园门票，全票价 15 元 / 人，
半价票 5 元 / 人。

2. 从仙湖植物园南门至北门可乘坐"仙湖
植物园环园观光线"，票价 10 元 / 人，营
运时间为早上 9:00 至下午 6:00。

3. 进入弘法寺和大华兴寺等宗教文化场所，
请尊重相关规定和礼仪。

4. 云海专线中的 A、C 线和祈福专线可以抵
达和离开大华兴寺，A 线和祈福专线可到达
海山路总站，C 线到达盐田路地铁站。

📍 **第1段** 仙湖植物园北门—弘法寺—望桐新路—大望村—梧桐山二线巡逻道罗湖段

苍山蕴草木 碧水育仙湖

从仙湖植物园北门到弘法寺，是一段风光旖旎的园道。入园后经无忧路抵达仙湖西北角的十一孔桥，在此南拐，走药用植物区和植物学家雕像园之间的松柏路，经裸子植物区、揽胜亭接入苏铁路，再沿桫椤湖北侧一直前行就到弘法寺了。

弘法寺是深圳最具人气的祈福圣地。这里依山面水，风光秀丽，一年四季香火鼎盛。从弘法寺沿丹竹路向北，过蕨类保育中心，便进入充满禅意的罗汉松园了。穿过松间草坪可以一直走到清幽的镜湖边，有路绕湖而行，一直通往最里面的山脚。这时，可以看到沿山而上的台阶路，过了半山的休息亭，继续顺着山间小路上行就出了植物园园区。

接下来的下山路，是深圳远足径"鲲鹏径"第十一段的首段。从半山的丛林，到山脚的荔枝林，蜿蜒的土路朴素而宁静，偶尔会有手作步道修过的痕迹。路两侧果树低垂，菜蔬青绿，充满山麓田园的悠闲气息。

出山林便看到横在眼前的望桐新路。往西走，从不远处的桥边台阶下至梧桐山河碧道，沿河进入梧桐小镇，从梧桐文体公园旁穿村而过到望桐路上。东行接横排岭路，前行200米左右，过梧桐山实业股份有限公司，路北有一岔路口，由此便拐向梧桐山二线巡逻道罗湖段了。

十一孔桥

Q 边走边看

弘法寺

　　弘法寺位于梧桐山麓、仙湖之畔，1983 年开始筹建，1992 年经市政府批准作为宗教场所对外开放。寺院几经扩建，建筑面积已达 3 万多平方米，规模宏伟，环境幽美，连续多年被评为广东省文明寺院，是连接海峡两岸佛教文化和友谊的桥梁。

弘法寺

仙湖罗汉松园

　　罗汉松园位于竹园西侧的山谷之中，收集有珍珠罗汉松、绿钻罗汉松、红芽罗汉松、日本罗汉松、台湾罗汉松、广东罗汉松等 600 余株各类罗汉松。通过配置球状灌木、组合地被、自然起伏的草坪和枯山水园路，营造出"松影禅幽"的意境。园尽头是一座颇具禅意的水榭——栖心榭，再往里便是青山倒影、清幽宁静的镜湖。

罗汉松园

◎ **第 2 段** 梧桐山二线巡逻道罗湖段—龙岗西坑绿道—谭仙公庙

苍苍青石道 悠悠旧时光

二线巡逻道罗湖段

　　这一段基本上是沿着广东省立绿道二号线行走，紧贴梧桐山北麓，横跨罗湖、龙岗、盐田三区。从横排岭路拐上梧桐山二线巡逻道罗湖段，是环山而上的大约 4 千米的路程。步道一半是老石板路，保留着二线巡逻道的原貌；另一半是红色砂岩铺设的绿道，路面平坦，可以骑行，路中间由石桩隔开。随着山势升高，可以远眺大梧桐苍翠的山体和脚下的梧桐山村。

　　抵达坡顶有个简易休息点。之后的下坡路则变为单纯的柏油路，由此对接梧桐山二线巡逻道龙岗段，这一段也被称为西坑绿道，是一段空气清新、绿荫夹道、平坦易行的网红路段，沿途保留着二线巡逻道的铁丝网和岗亭，山野的宁静与历史的记忆在阳光下交织。穿过盐排高速梧桐立交，经过野生动物救护中心，直行到达梅香岭下的小坳，步道在此与鲲鹏径第十二段交叉。继续往前走，过龙岗 / 盐田 5 号界碑，便抵达盐田驿站了。

　　盐田驿站是个岔路口，向南直行通往盐田物流区；选择左拐，继续行走省立绿道二号线，进入一段弯弯曲曲的半山步道。这条山路曲折清幽，有缓慢的爬升，大部分时候路面被浓密的树荫遮蔽，山风送爽，非常清凉。伴着一路的野花缤纷，蜂飞蝶舞，行走不到 2 千米就到平盐路上的谭仙公庙了。

🔍 边走边看

梧桐山艺术小镇

梧桐山艺术小镇坐落于梧桐山脚下，梧桐山河环绕而过。小镇包括 7 个自然村，集文化、创意、艺术、旅游为一体。这里依山傍水，风景如画，闲逸的氛围与诗意的山水吸引了不少艺术工作者会聚于此，各种艺术工作室和特色门店遍布小镇，让这里充满了田园与艺术的浪漫气息。

梧桐山艺术小镇

谭仙公庙

深圳有很多地方建有谭仙公庙，祈福步道所经过的西坑谭仙公庙是具有代表性的一所。谭仙公庙供奉的主神是"长真谭真人"，名为玉，字伯玉，法号处端，号长真子，是全真道南无派创始人。谭仙公庙不仅是一个宗教场所，而且对当地文化产生了深远影响。

谭仙公庙

◎ 第 3 段
谭仙公庙
—小三洲水库

绿道环山绕
樱花照水开

谭仙公庙位于三洲田森林公园的登山口处，内设洗手间，在长距离徒步中被驴友们常作歇脚避雨的驿站。平日里也常有周边居民上山祭拜，香火不断。若体力不支，可从此下撤，向南可达盐田，向北则到龙岗。

从谭仙公庙到小三洲水库是颇具人气的小三洲绿道，一路山海风光无限，路尽头的樱花林更是春天的赏花胜地。路段全长约 7 千米，海拔从 220 米左右爬升至440 米左右，也是从此段开始，祈福步道开启登山之旅。

以谭仙公庙为起点再次出发，沿着上坡公路徒步，平缓上升的公路路面宽阔，看似不难，实则爬升十分消耗体力。行走 2 千米后，到达小三洲驿站，可在凉亭中稍事休息。一旁种植了几棵樱花树，花朵娉婷，蝶舞翩翩，掀开了游人寻樱探春的序幕。

小三洲驿站是三条路的交会点，左侧公路前往嶂顶，中间土路和右侧绿道虽起步时方向不同，但会在中途交会然后蜿蜒上行至小三洲水库，如果想增加些挑战和野趣，可选择中间土路，走右侧绿道可保存体力走完全程。

小三洲绿道林荫遮蔽，鸟鸣蝉语，随着海拔提升，视野逐渐开阔，盐田的山海大观渐露初容，勾得人不住加快脚步。再走过几个盘山路的弯道后，就抵达小三洲水库。美丽的春日画卷自此在眼前展开：樱花丛丛簇簇绽放，前方的水库碧蓝如洗、湖光潋滟，再远些是苍翠的梅沙尖巍峨矗立。接着环绕水库右边的公路朝着梅沙尖山脚前行，粉樱如影随形，点缀一路春色。

水库旁设有观景平台，拾级而上就能收获壮阔的风光：向外望去是繁华的盐田城区、彩色集装箱构成的盐田港、浩渺无垠的大鹏湾，以及海对岸香港如水墨画般的青山与岛屿；向内可俯瞰水色青青的湖面与库坝旁粉红如霞的樱花林。继续走至梅沙尖 4 号岗亭附近，此处有自动售水机，可适当补充水分。如果想下撤则可在岗亭附近的梅沙尖登山口公交站等待云海专线回到盐田城区或龙岗的南约地铁站。

🔍 边走边看

从梅沙尖俯瞰盐田山海

三洲田森林公园

　　祈福步道进入盐田区后，主要穿行于三洲田森林公园。公园横跨盐田区、龙岗区及坪山区，靠近东部华侨城景区。园内最高峰为梅沙尖，登高可俯瞰大鹏湾和盐田港。公园植被丰茂，四季花开，景色宜人，西园片区有小三洲塘樱花林，春季花海烂漫，云蒸霞蔚，东园片区有百亩梅园，冬季万梅齐绽，暗香浮动。

◎ 第 4 段　小三洲水库—大华兴寺

湖波洗山色 禅意照琼林

　　从小三洲塘向东而行，经过深蓄电站上水库，再次接上省立绿道二号线，此时距离步道终点——大华兴寺大概还有 5 千米的路程，只需沿着平坦的大道继续漫步。沿途有一处樱花林和一座醉樱亭，是小三洲塘春日网红打卡点。

　　沿着大道蜿蜒而下，山谷里送来清凉的风，偶尔还遇见骑行者像风一样擦身而过。继续前行便来到孙中山庚子首义雕塑园。这里溪水潺潺，从岩石间跌落，一组组雕塑掩映在溪畔林荫中，环境静谧而庄重。

　　过雕塑园便进入东部华侨城茶溪谷景区。一路经过森林小火车站、茵特拉根黑森林酒店，可以望见湖畔一栋栋欧式别墅，像童话故事里的城堡倒映在水面。

　　从茶溪谷转入盐三路，步行不到半小时便会遇到通往大华兴寺的登山道。大华兴寺的牌坊屹立在入口处，背后是 600 多级台阶。沿登山道拾级而上，可到达大华兴寺山门，寺内殿堂庄严，气氛祥和，大殿背后的 108 级"天梯"直达观音山顶的四面佛像。这里视野辽阔，可以俯瞰整个东部华侨城景区和三洲田水库。至此，翻山越水、连接起深圳两大佛教禅寺的祈福步道在一派佛光与梵音的萦绕中结束。

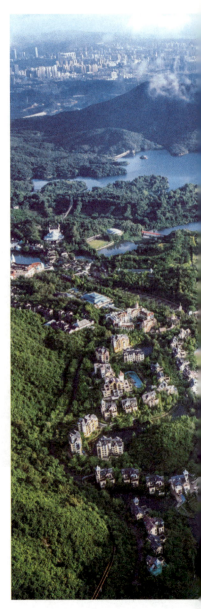

东部华侨城

Q 边走边看

小三洲水库和樱花林

　　小三洲水库是深圳抽水蓄能电站（简称"深蓄电站"）的上水库，海拔 520 米，为深圳目前海拔最高的水库。水库旁的樱花林，是深圳赏樱的宝藏地之一。这里空气清新，环境优美，种植着中国红、富贵樱、广州樱、寒绯樱等不同品种的樱花。每年 2—3 月，万株樱花朵朵盛放的景致，是梅沙尖下一幅最富春意的画卷。

小三洲水库和樱花林

孙中山庚子首义雕塑园

　　100 多年前，孙中山率领几百名志士在三洲田地区发动武装起义，史称"庚子首义"，打响了推翻清王朝统治的第一枪。2009 年，为了纪念这一重要历史事件，盐田区兴建了孙中山庚子首义雕塑园，园内分布着 18 座主题群雕，《第一枪》《激浪滔天》《突出重围》《同志仍需努力》等雕塑作品，生动再现了庚子首义的革命历程。

孙中山庚子首义雕塑园

东部华侨城

东部华侨城坐落于三洲田群山中，占地将近 9 万平方千米，建有茶溪谷、云海谷体育公园、大侠谷等，是一个集观光旅游、户外运动、科普教育等于一体的综合性生态旅游示范区。2024 年 8 月 8 日，经升级改造，茶溪云海一期景观项目正式免费对外开放，步道经过东部华侨城，游人行走在路上，时不时还能听到远处传来茶溪谷森林小火车"嗒嗒嗒"的声音。

大华兴寺

大华兴寺坐落于云海谷、茶溪谷与大侠谷之间的观音山上，是深圳海拔最高的寺庙，"大华兴寺"牌匾由百岁高僧本焕长老亲笔题写，有着"中华兴旺"之意。寺院占地面积 16000 平方米，规模宏伟，佛像庄严；殿堂斗拱飞檐，层叠交错有致。寺中最有名的四面观音宝像高达 23.3 米，采用 158 吨仿金铜铸造而成，是目前世界上最大的集四尊不同观音像为一体的大型佛像。

大华兴寺

🌼 博物赏识

黄金香柳

    黄金香柳又名千层金，原产于荷兰、新西兰等濒海国家。黄金香柳树干通直，枝条密集，柔软似柳，随风摇摆，色彩金黄夺目，靠近可嗅到浓郁的木质香。黄金香柳有着富贵、优雅的寓意，被认为是一种吉祥植物，寺庙里常常种植。

黄金香柳

宽叶十万错

    宽叶十万错属于爵床科十万错属多年生草本植物，叶椭圆形，冠檐裂片与花冠筒近等长，花色为淡紫色、紫堇色或白色。它喜高温湿润环境，比较耐热耐旱，不耐寒，是一种泛热带植物，主要分布在云南、广东地区。

宽叶十万错

罗汉松

    乔木，高可达 20 米，胸径可达 60 厘米，树皮灰褐色，树枝较密，花期 4—5 月，果期 8—9 月。罗汉松因红色肉质种托似罗汉的袈裟，种子似罗汉的脑袋，故名"罗汉松"。在传统文化中，罗汉松象征长寿，寓意吉祥，寺庙里常有它的身影。

罗汉松

☕ 周边游玩

祈福步道起点是仙湖植物园，仙湖植物园里面有大大小小的 17 个植物专区，是一个集科学研究、物种保育、公众教育等为一体的大型植物园。行至步道终点大华兴寺的途中会经过东部华侨城景区，沿途会有云海专线驶过，搭乘云海专线可抵达云海公园，若乘坐云海专线下山，可抵达盐田中央公园和海滨栈道。

⚜ 步道故事

从远古走来的三洲田

盐田三洲田是一块充满传奇色彩的古老土地。历史上这一带曾属惠州，之后又归宝安县管辖，1998 年盐田区成立，三洲田划归盐田区。深圳市文物考古鉴定所曾在三洲田村落遗址发现多座古墓葬，它们见证了客家廖氏、郑氏等姓开发三洲田的历史，其中有古遗址被确定为距今约 2500 年的东周时期，也就是意味着数千年前，这里已有人类活动。

三洲田位于梅沙尖附近，临近大鹏湾，四面群山环绕，山高林密，路险谷深，居住在这里的客家先民世代以种茶务农为生，过着日出而作、日落而息的恬静生活。1900 年，孙中山领导的三洲田起义（又称庚子首义）在此爆发，打响了反清革命的第一枪，自此，三洲田在历史上留下了浓墨重彩的一笔。

1959 年，因建设三洲田水库，三洲田村整体搬迁，村落也淹没在波平如镜的水库下方，只有干旱季节水位下落时，才会露出些残墙断壁。20 世纪 90 年代，三洲田至盐田的盘山水泥路通车，解决了交通不便的问题，但大开发的足迹并没有深入到三洲田，这里也得以完整保留青山碧水如诗如画的自然风貌。

2004 年，华侨城集团斥资 35 亿元，建成著名的大型旅游景区——东部华侨城。其中三洲田茶园在原有的茶园基础上扩建，保留了不加修饰的自然风景，成了东部华侨城著名的风景。

2022 年，东部华侨城启动提升改造项目。升级后的东部华侨城将聚焦生态、康养、文化、体育四大产业，建设度假酒店群、探险乐园、艺术中心、交通集散中心、郊野径绿道五大核心产品集群，从封闭景区转变为开放式的度假城区。2024 年 8 月 8 日，东部华侨城茶溪云海一期景观项目正式免费对外开放，市民游客可从茶溪谷大门口进入参观游玩。

一边是林海苍茫的梧桐山，一边是波平如镜的深圳水库，梧桐绿道从山水之间悠然穿过。山泽水润，林静风清，说它是最能代表深圳山湖胜境的至美绿道也不为过。从东湖公园沉静的花树下出发，到梧桐山河清脆的水声中止步，一路都是烟雨梧桐滋养的好山水，是一座繁华之城深怀的宁静与安定，是昂扬努力过后身心适意的舒展与轻松。

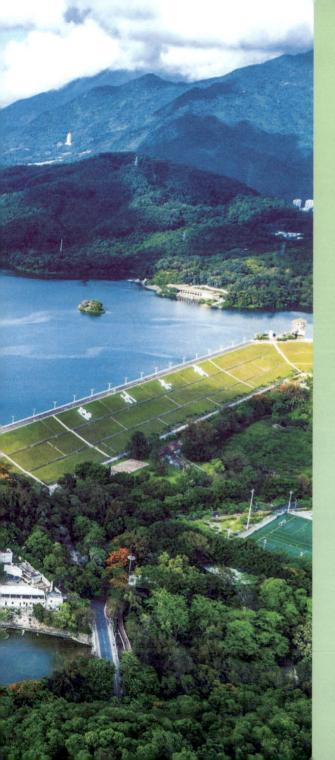

梧桐绿道

坐爱湖山听风语 行至水穷看云天

◁ 行走指南

　　梧桐绿道以东湖公园南门为起点，前半段经东湖公园内部园路，然后沿水库东岸行走；后半段经大望槟榔公园，再接入梧桐山河碧道行走，全程都是平整的硬化路面，配套成熟，指示清晰，风光优美，行走轻松，且大部分路段与机动车道分离，可徒步也可骑行。根据原绿道规划及沿途的景观特色，步道大致可以分作三段，分别以"山水休闲""果林野趣""河滨沁爽"为主题，一路将东湖公园的人文、深圳水库的风光、梧桐山的生态及仙湖植物园的趣味串联在一起，每段风光迥异，各有乐趣，难度不高且体验丰富，适宜各种人群行走。

步道分类

风物景观

步道路线

东湖公园南门—梧桐绿道—梧桐驿站

路线长度　**13.1 千米**

徒步时间　**1.5 小时**

路线难度　★★☆☆☆

交通指引

东湖公园南门

周边地铁站：2 号线莲塘口岸站 C 口

周边公交站：东湖公园南门总站站

梧桐驿站

周边公交站：大望槟榔公园公交总站站

　　　　　　横排岭总站站

小白鹭

深圳水库

东湖公园

万佛禅寺驿站 ②

① 东湖公园南门

 **休息点**　　 **洗手间**　　 **起终点**

梧桐绿道(河滨沁爽线)

⑥

⑤

梧桐绿道(果林野趣线)

大望梧桐艺术小镇

⑦

⑧
梧桐驿站

N

梧桐山国家森林公园

④ 仙湖驿站

③

梧桐绿道（山水休闲线）

特别提示

1. 梧桐绿道经过的深圳水库属一级水源保护区，请遵守规定，爱护水环境。

2. 沿水库部分路段路面较窄，有上下坡弯道，注意骑行的自行车。

3. 沿途有万佛禅寺驿站、仙湖驿站、梧桐驿站，配套有厕所、自动售卖机等服务设施，可以中途休息。鸣翠亭附近，还有绿道U站，可以出借雨伞，提供热水。

◎ 第 1 段

东湖公园南门—仙湖驿站

依山傍湖的追风小径

梧桐绿道第一段"山水休闲线"长约 5.4 千米，起于东湖公园南门。单纯徒步可以从南门东侧直接进入步道；想瞻仰万佛禅寺，可以从南门进入公园，参观之后从万佛禅寺后方绕到绿道上。东湖公园内的路段宽阔平坦，沿着南门与西门之间的东湖二路向北伸展，步行约 1 千米之后，道路北侧出现一个岔口，立有一块刻着"梧桐绿道"的巨石，至此步道拐入环湖路段，并与鲲鹏径第十段完全重合。

经过鸣翠亭后，步道开始紧贴深圳水库东岸延伸。路面略有起伏，弯道较多，但非常安静。左侧护栏外是水库开阔的水面，右侧是梧桐山半坡茂密的山林，空气里弥漫着泥土与草木的气息，行走其间，步履也随之闲逸从容。

这段路沿途还设有 7 个不同风格的观景亭和 3 座塑木栈桥，可以中途静坐小憩，或临水远望，欣赏一会儿波光粼粼、水天一色的水库风光。走过憩心亭，大约 400 米就到达中途最大的休息点仙湖驿站了。

梧桐绿道

Q 边走边看

万佛禅寺

深圳万佛禅寺位于东湖公园南门附近，由此前的"东方神曲"景区改造而成。禅寺供奉的四面佛，是由泰国僧王代表泰国政府赠送给深圳弘法寺的，于 2008 年 10 月 20 日安奉于此。

观景亭

梧桐绿道上建有一系列观景亭，分别是鸣翠亭、望风亭、揽胜亭、怡心亭、静心亭、养心亭、憩心亭。有的临水而建，有的幽处山脚，设计风格各有不同，可供遮风避雨，途中小憩，不仅可以观景，而且自成风景。

东湖公园

东湖公园原名"水库公园"，是深圳市建立最早、设施完善，寓观赏、游乐、服务于一体的综合性市政公园。目前建有 12 大景区、120 多个景点，公园持续多年的菊花展，深受广大市民的喜爱。

东湖公园

◎ **第 2 段**

仙湖驿站—大望槟榔公园

亲水穿林的怡情步道

　　离开仙湖驿站，便进入"果林野趣线"。过仙湖桥，先是一段长长的近水木栈道。这里视野开阔，可以看到宽敞水面，近岸生长着茂密的芦苇丛和湿地灌丛。虽然此段长约 3.8 千米的路程以"果林野趣"为特色，但水景更可亲更灵秀。

　　离开水岸后，步道进入林果场和新平村荔枝园。这一段虽然经过一片生活区，但步道僻静，从村边茂密的荔枝林下穿过，宁静阴凉，有着闲适的田园氛围。出荔枝园，经新平大道衔接段，便看到梧桐山河，河边立有明显的指示牌，由此开始，一路向东便走上修整一新的梧桐山河碧道了。

梧桐绿道

木质栈桥

仙湖驿站

📍 **第 3 段** 大望槟榔公园—横沥口水库

鹭飞草长的河岸空间

从新平大道拐入梧桐山河碧道，梧桐绿道便进入第三段——约 4 千米的"河滨沁爽线"。这段绿道、碧道相融合的河岸步道，被游客称为"溯溪、露营、徒步天堂"。改造后的梧桐山河犹如一道山水画廊，步道沿岸线伸展，远处有梧桐山高耸的山峰矗立，脚下是水流潺潺、白鹭飞翔的河道，沿途则设计有多层次滨河休闲空间和水岸风景带，时尚轻盈的桥梁设计也为河流增添了一份艺术气息。在部分河道，通过细节设计、水体深度的控制及儿童游乐设施的布置，为孩子们提供了亲近自然、感触自然的趣味空间。途中还会经过梧桐山河驿站，这里有个小巧精致的书吧，红色引凤桥横跨两岸，无论漫步还是坐下来就着这山河美景休息，都是一种超然享受。经过梧桐山风景区北门后，步行大约 1 千米抵达梧桐驿站，继续前行 100 多米就是横沥口水库大坝，诗情画意的梧桐绿道便抵达终点。

引凤桥

🔍 边走边看

梧桐山河碧道

梧桐山河及其支流（茂仔水、赤水洞水）碧道位于罗湖区梧桐山森林公园北侧，干流梧桐山河起于横沥口水库，止于深圳水库，是条郊野型碧道。碧道建设充分利用现有基底，师法自然，运用自然材料，展现野趣之美。目前，梧桐山河碧道已呈现"艳霞白鹭双展翅，青山绿水亦生姿"的自然风貌，成为水清岸绿、鱼翔浅底、水草丰美、白鹭成群的自然生态廊道。

沿河散步的游人

梧桐山河驿站书吧

梧桐山河驿站书吧位于风景秀丽的梧桐山河旁，三面环"林"，仿佛一间隐匿在自然怀抱中的"空中楼阁"。书吧以原木色和白色为主色调，与周围得天独厚的自然景观融合，营造出简约素雅的阅读氛围。

梧桐山河驿站书吧

🏵 博物赏识

非洲凌霄

　　非洲凌霄别名紫云藤、紫芸藤，为紫葳科非洲凌霄属常绿半蔓生灌木，原产于非洲南部，高 1 米左右，少数能达 2 米。花期秋季至翌年春季，圆锥花序顶生，花冠漏斗状钟形，先端 5 裂，粉红到紫红色，喉部色深，有时带有紫红色脉纹。

非洲凌霄

牵牛

　　牵牛为旋花科番薯属、一年生草质藤本植物，别名喇叭花、牵牛花、大花牵牛等。花期 5—10 月，果期 9—12 月，是夏秋清晨常见的野花，郊外山野甚至绿化带里，都能见到它红色、蓝色的花朵。牵牛并非本土植物，它的故乡在遥远的美洲热带地区。

牵牛

紫珠

紫珠是马鞭草科紫珠属落叶灌木，花冠紫色，花药椭圆形，果实球形，6—7月开花，8—11月结果，一串串紫色的果实晶莹剔透，挂在枝头经久不落。在中医上，紫珠是一种中药材，名叫珍珠枫，种根或全株可入药。

紫珠

芦苇

芦苇根状茎十分发达。秆直立，具20多节，基部和上部的节间较短，最长节间位于下部第4—6节。常生于江河湖泽、池塘沟渠沿岸和低湿地各种有水源的空旷地带，以其迅速扩展的繁殖能力，形成连片的芦苇群落。

芦苇

☕ 周边游玩

梧桐绿道沿途穿起了多个著名的风景区和人文景点。起点东湖公园，拥有众多的休闲娱乐和健身设施，园内有匙羹山、观赏花木园、杜鹃雕塑园、盆景世界、沉香阁等景点和各类游乐项目，适合各种年龄人群休闲游玩。步道中途还经过仙湖植物园北门和梧桐山国家级风景名胜区北门，这两个地方都值得花一整天时间单独游玩。另外，步道经过的梧桐山艺术小镇聚集了众多创意工作坊和精品商铺，吃喝玩乐选择丰富，也值得逗留体验。

⚜ 步道故事

东湖公园与深圳菊花展

东湖公园菊花

　　东湖公园始建于 1961 年，是深圳经济特区建立之前深圳仅有的两座公园之一。它坐落于梧桐山脚下，紧邻深圳水库，曾叫水库公园。1959 年，广东省政府决定在深圳兴建水库，以缓解深港两地的缺水问题。1961 年，深圳水库建成后，人们在水库边上还修建了红楼、长廊、华亭等景点，形成了匙羹山景区，这也是东湖公园最早的核心景区，而水库的大坝和副坝周围先后形成了若干个休息游览区。1966 年，深圳水库公园正式对外开放，直到 1984 年才正式改名为东湖公园。

　　提起东湖公园，很多人会想起著名的菊花展。那时，东湖公园是深圳为数不多的赏花去处之一。为满足公众对菊花的喜爱、传承并展现岭南菊艺，1984 年东湖公园举办了首届菊花展。当时展出了 50 种共 600 多盆菊花，获得了不错的反响，于是，秋季办花展的传统就这么延续下来。1998 年，东湖菊花展升格为深圳菊花展，至 2023 年，东湖公园已经连续举办 30 余届菊花展。

　　如今，菊花已是东湖公园的主题花卉，每年菊花展，上万盆不同种类的菊花竞相绽放。从2001 年起，东湖菊花生产及展览团队还代表深圳参加了中国菊花品种博览会，多次斩获专项品种、展台布置等奖项，成为岭南菊艺界的代表之一。而一年一度的深圳菊花展，则成为深圳这座城市的名片，为深圳的秋冬增添缤纷色彩。

罗湖铁路文化步道

在草埔地铁站 D3 出口旁，深受摄影师喜爱的清水河铁路公园坐落于广深铁路线一侧，这里有已废弃的火车轨道、永不发动的绿皮火车、复古的火车站台……这里是罗湖铁路文化步道的起点，步道保留了原有的铁路设施，又融合了当地铁路文化特点，已成为市民游客休闲观光的地方。步道长 4.7 千米，止于深圳市工人文化宫，沿途有笋岗火车站、笋岗村（元勋旧址）、洪湖公园等景点，是一条融合历史文化、园林景观和周边社区文化的步道。

⊙ 行走指南

　　从草埔地铁站 D3 出口出来，下天桥便能进入铁路公园。在公园内沿铁轨线一路往南走，左侧的广深铁路线不时能见到"复兴号""和谐号"列车呼啸而过，写字楼和民居则错落分布在公园右侧；公园内，永远停在轨道上的绿皮火车已被改造成餐饮店或奶茶店，轨道边、站台上、火车旁，随处可见拍照打卡的游客，附近的居民也喜欢来这里消遣时光，三三两两坐着，或是下棋，或是闲聊。

　　从草埔铁路公园南门出来，就是清笋南路，沿马路走 10 分钟左右，拐入汹涌的人群中，可以去逛逛笋岗火车站、元勋旧址等历史文化景点。元勋旧址在笋岗村内，前面是村中休闲娱乐广场，周围还坐落着天后宫和宗祠，村中还分布着不少美食店。笋岗火车站最佳的瞭望位置在彩虹桥上，在桥上远眺，火车站一览无遗，偶尔还有车辆驶过；也可以去附近的洪湖公园和人民公园，或者一口气走到步道终点——深圳市工人文化宫，往前左转便是热闹繁华的东门老街了。

草埔铁路公园里的火车站台

步道分类　历史文化

步道路线　草埔铁路公园—笋岗火车站—笋岗村（元勋旧址）—布吉河—
人民公园—深圳市工人文化宫

路线长度　**4.7 千米**　　**徒步时间**　**2—3 小时**

路线难度　★★☆☆☆

交通指引

草埔铁路公园
周边公交站：草埔地铁站站
周边地铁站：3 号线草埔站 D3 口

深圳市工人文化宫
周边公交站：深圳戏院站
周边地铁站：1 号线 /3 号线老街站 G 口

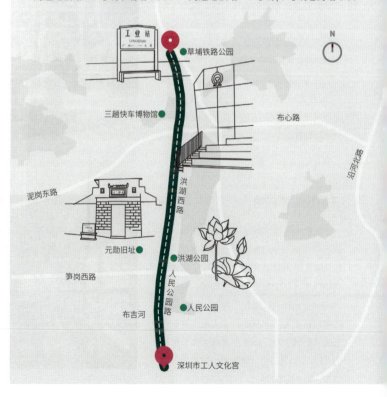

Q 边走边看

草埔铁路公园

草埔铁路公园也叫清水河铁路公园，位于草埔地铁站附近，由废弃的铁轨、站台、绿皮火车及两辆极具年代感的东风火车头组成。在清水河与笋岗至笋岗火车站曾存在深圳最大规模的铁路支线——广九铁路支线。从 1962 年开始，从武汉、郑州、上海和长沙发出的"三趟快车"，肩负着将内地农产品送达香港的任务，一批批从内陆运往香港的物资在这里中转。位于清水河的深圳工业站于 1986 年运营，是笋岗和清水河仓库专用铁路货运站，也是火车抵港前在内地的最后一个中转站。

货运铁路支线被改造成了如今的铁路公园，停止运营的车站，已不复曾经的模样，但却增添了不少文化艺术气息，成为铁路文化爱好者捕捉岁月痕迹的胜地。

深圳工业站及铁轨上永不启动的列车

三趟快车博物馆

三趟快车博物馆是在深圳工业站原有的基础设施上改造升级的全国首个以"三趟快车"IP 打造的专题博物馆。三趟快车博物馆由一排二层平房改造而成，博物馆内陈列着当年列车运营的照片、货物清单收据、员工生活用品等，旁边还设有一间沉浸式轨道影院，展示了三趟快车（编号为 751、753 和 755）近半个世纪的发展与故事，可免费参观。

三趟快车博物馆

笋岗火车站

为了承担广九铁路部分货运业务，1962年广州铁路局决定在布吉河与深圳站之间增设笋岗站，这是抵港火车的终点站。笋岗火车站在1977年更名为深圳北站，一直到2009年才又用回原站名，旅客列车到站不停。随着三趟快车光荣"退役"，笋岗火车站也逐渐退出历史舞台。

笋岗火车站

笋岗村元勋旧址

元勋旧址的由来还要从何真（1321—1388 年）讲起。何真为东莞人，他饱读诗书，擅长剑法。元末明初，何真在岭南起义中归附明朝，被朱元璋封为"东莞伯"，成为明朝开国元勋之一。后来，何真带领家眷到今深圳笋岗区域寻村立基，取名"笋岗"。后人为了纪念何真，便在家族宗祠的基础上不断扩建城寨，并在城寨的南面门楼上雕刻"元勋旧址"四个大字。2002 年，元勋旧址被列为广东省重点文物保护单位。

元勋旧址

人民公园

"一半山水一半城"的罗湖，分布着大大小小、各具特色的公园，紧挨着洪湖公园的人民公园便是以月季花为特色的公园。走进人民公园，沿着湖边长廊，绕过亭台水榭，穿过蜿蜒小路，随处可见月季花的影子。

人民公园

洪湖公园

　　洪湖公园是个闹中取静的公园，园内拥有百亩荷塘，荷花景观面积达 15 万平方米，每逢荷花盛开的夏季，到洪湖公园赏荷的人络绎不绝。荷花已成为洪湖公园的一张名片，举办的荷花展也俨然成了一个文化 IP。

洪湖公园

🌷 博物赏识

　　人民公园有着"中国南方月季中心"之称，园内藏着一个"世界月季名园"，不同颜色、不同品种的月季聚集在此。月季花花期长久、花香悠远，在人民公园一年四季都能欣赏到姿态各异、品种繁多的月季。

人民公园月季花展

摩纳哥公主

　　以传奇女星格蕾丝·凯莉命名的月季花"摩纳哥公主"，是著名的月季品种之一，花期在 7—8 月，初开时是高高竖起的杯状花形，而后花瓣慢慢向外翻卷，粉色边晕覆盖在纯白的花朵上，整朵花粉白相间，层次分明。

摩纳哥公主

绯扇月季

绯扇月季是一款古老、经典的月季花，花色为红色、橙红色，植株比较高大，花量大、花色美、生长快是它的特点。在南方温暖的地区，一年四季都可开花。

绯扇月季

和平月季

和平月季花朵颜色主要呈现出浅黄色，同时还带有粉红色边晕，也被称为黄和平，是如今有名的和平月季系列品种。此外，和平为名的月季如粉和平、藤和平、沙漠和平、火和平等都是其中的精品。

和平月季

☕ 周边游玩

从草埔铁路公园一路行到深圳市工人文化宫，如果没有尽兴，可以前往东门老街继续漫步。此外，全国最大的黄金珠宝交易集散地——罗湖水贝片区——也在附近，这里是很多珠宝品牌的上游供应链，是一个淘宝的好地方。

2018 年，笋岗村居民曾票选出"笋岗十景"文化地标，分别为元勋旧址、天后宫、何真公祠、笋岗仓库、田贝老榕树、北站铁路、田心庆云花园、洪湖公园、芙蓉桥、彩虹桥，除了上文提到的元勋旧址和洪湖公园，还可以从中选出感兴趣的景点前往游玩。

"三趟快车"从何而来？

　　"三趟快车"是"供应港澳鲜活商品三趟快运货物列车"的简称。从 1962 年至 2010 年，每日黎明破晓，总有一列列装满鲜活货品（鸡鸭、生猪、牛羊等）的列车驶入深圳工业站，在此重新进行人工编组调度，送进各专线周转仓内，最后由运输公司用汽车送至香港，源源不断为香港市民的每日餐桌提供新鲜美味的食品。因此很多人也把一趟趟列车称作"香港生命线"，而在内地，它的名字为"三趟快车"。

　　20 世纪 60 年代初，香港、澳门一度陷入物资紧缺的困境，为了援助港澳地区，原对外贸易部和原铁道部开通供港专列，编号为 751、753 和 755 的三趟快车每天固定开行三趟，分别从武汉（751 单日）、长沙（751 双日）、上海（753）和郑州（755）始发，经深圳运抵香港。"三趟快车"开启运行以来，由于运输货活物资，享受了一系列特殊政策，如保车源、优先配车、优先装货、优先挂运，除了中途加水以外，不作停靠，直抵香港，整个运输时间缩短了三分之二。

　　48 年间，"三趟快车"共开行 4 万多列，仅供应的活猪和活牛就有 1 亿多头，冻肉近 800 万吨，还有大量水果、蔬菜、蛋品等。为了保证货物"优质、适量、均衡、应时"供应港澳地区，铁路员工和押运人员付出了巨大的努力。光拿活猪来讲，押运员要与活猪共处一个车厢同吃同住，照料活猪，清理粪便、喂饲料、给猪降温等，防止活猪在途中掉秤或生病，有时还得充当活猪打架的调解员。在铁路公园内，有一节货物车厢生动还原了押运生猪的场景。

　　随着国内运输业蓬勃发展，现代物流渐成体系，每天"定期、定班、定点"的"三趟快车"于 2010 年光荣完成使命，退出历史舞台。如今，一节节火车车厢静静立在轨道上，钢铁之躯成为历史无声的见证。

阅尽 300 年历史兴衰与变迁的东门老街，是深圳近代发展史上一个浓墨重彩的缩影。漫步东门老街步道便是对这段历史的追忆与回味。步道东起东门中路，西至新园路，像一幅徐徐展开的历史卷轴，将老街广场的世纪钟、青铜浮雕《老东门墟市图》、充满岭南风貌的街景逐一呈现，让你在流光溢彩的时代繁华中油然怀想那些远去的市井烟火味儿。

东门老街步道

老时光 新模样

🧭 行走指南

从新园路出发，向东不远就能见到进入中国内地的第一家麦当劳，这里留下了一代深圳人的童年回忆。继续往东走，便到达罗湖区最大的购物广场之一——太阳百货。随着熙熙攘攘的人流且逛且走，在与人民北路的交会处往北拐，约行 100 米是拥有 300 年历史的思月书院，书院旁边，有东门老街的标志性景点东门世纪钟和《老东门墟市图》。

从思月书院掉头，南行 200 米则是东门老墟古井。最后，返回到十字路口，沿解放路向东直行，即可到达东门中路。

🔍 边走边看

《老东门墟市图》

东门老街文化广场，有一幅巨大的青铜浮雕——《老东门墟市图》，宽 3 米、长 16.5 米。这幅浮雕如一本历史画册，生动地展现了明清时期东门墟市的热闹场景——店铺林立，人潮涌动，岭南民俗风情的每一处细节都跃然墙上。

《老东门墟市图》

步道分类 历史文化

步道路线 东门中路—解放路—东门步行街—人民北路—永新路—新园路

路线长度 **2.1 千米**   **徒步时间** **1 小时**   **路线难度** ★☆☆☆☆

交通指引

东门中路

周边公交站：东门①站

周边地铁站：2 号线湖贝站 C 口

新园路

周边公交站：深圳戏院站

周边地铁站：1 号线 /3 号线老街站 F 口

东门世纪钟

在东门老街广场悬挂的大型铜铸钟——东门世纪钟，是深圳重要历史节点的见证。2000 年，世纪钟在东门老街广场落成，钟身直径 1.7 米、长 2.5 米、重 4.5 吨。在千禧年，东门世纪钟敲响了深圳迈向新世纪的钟声，自此东门商圈每逢大年初一便举办开市敲钟活动，意在祈祷新年开市吉祥、商圈繁荣、百姓安康。

东门老墟古井

东门老墟古井源于 1688 年，据说原先共有 6 口古井。现今，仅此一井依旧静卧在繁华的街角，成为历史的印记。在古井边，有座小孩提水的铜像，十分可爱。

太阳百货

太阳百货是罗湖最大的购物中心之一，无论你需要的是高端奢侈品还是独具匠心的小众设计，都能在这里买到。美食天地、时尚购物、电影院等休闲娱乐设施完美融合，为你的购物之旅增添无限乐趣。

老墟古井

思月书院

清康熙年间建立的思月书院，已经沉淀了逾 300 年的岁月。昔日这里是东门墟集市的文化教育之地，今日的思月书院，化身为东门老街历史博物馆，不仅保存了往日的印记，而且成为举办各类文化展览的热门场所。

思月书院

麦当劳

　　1990 年，东门老街的西华宫迎来一位重要的新成员——在中国内地开办的第一家麦当劳。这家快餐店不仅成了东门改革开放的名片，也成为无数深圳孩子第一次吃汉堡的地方。

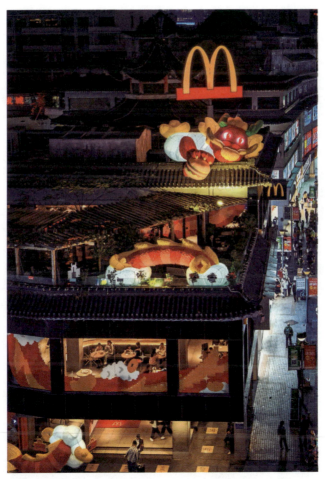

麦当劳

☕ 周边游玩

在东门购物街北侧，与繁华的商业街仅一街之隔的是人民公园，这里是都市喧嚣中的一片静谧空间。每年春天，这里会举办月季花展。而在步道的西边，就是深圳文和友，这栋复刻 20 世纪 80 年代老建筑的大楼充满怀旧气息，是品尝美食、约会聚餐的好选择。

♺ 步道故事

深圳墟的时光记忆

东门步行街，亦称东门老街，它的历史可以追溯到明代中期。到了清朝康熙年间，"深圳墟"已经成为一处声名远播的市集。民国时期，它又被命名为"深圳新墟"，后来又被正式更名为镇。

近代深圳的根在哪里？有人说，就在深圳墟，也就是东门老街。这片土地见证了深圳从"深圳墟"到"深圳镇"，再到现今的"深圳市"的演变。深圳墟的历史起源于明朝，当时的客家人迁移至此，并建起了集市，到了晚明时期，这里已发展成一个颇具规模的小镇，并成为周边地区著名的商业市场。

随着深圳经济特区的建立，东门老街被赋予新的角色，它成为深圳经济特区最早也最具人气的商业中心，是引领时尚潮流的前沿地带。1999 年对东门步行街的改造，使其成为一个现代化的商业区，包括 8 条市政道路、1 条具有地区特色的风貌街及 3 个大型休闲广场，是市民休闲娱乐的重要场所。

东门老街不仅是一个购物和娱乐的中心，也是历史与现代交会的标志。这里既保存了古老的文化遗迹，又呈现出现代城市的活力。随着网红经济的兴起，东门老街专门辟出 2 个区域作为相对固定的直播区域，主播通过小程序预约成功后，领取工作证即可在预约的区域、时段开展户外直播。得天独厚的优势吸引了来自天南海北大大小小的主播，"网红直播一条街"成为东门步行街的新标签。

第四程

盐田

山海遥望 云天浩荡

盐田半山公园带像一条飘逸的丝带，攀缠在梧桐山腰。三洲田云海步道位于半山公园带的东侧，沿着蜿蜒曲折的三盐公路前行，可以一路走到位于山顶的被誉为"深圳版天空之城"的云海公园和三洲塘水库。山林绕湖而栖，碧波镶嵌其间，湖光山色互相辉映，让这条路既适合徒步远足，也可以休闲漫游。

三洲田云海步道

拥抱层林碧水 俯瞰山海港城

桂花

翠岭水库

三盐公路

盐田半山公园带
梅沙尖盐田检查站登山口

三洲田森林公园

◎ 行走指南

　　三洲田云海步道全程约 10 千米，由盘山公路和碧道相结合构成。盘山公路全程约 8 千米，剩下的路程为三洲塘水库碧道。盘山公路弯道多，沿途设有多个主题休息点；抵达山顶的云海公园，可俯瞰山海港城，看山观海品咖啡，之后可沿着三洲塘水库碧道漫游，拥抱绿林碧水。

步道分类　　风物景观

步道路线

梅沙尖盐田检查站登山口—小三洲公路—翠岭水库—红花沥水库—三洲塘水库碧道

路线长度　**9.9 千米**　　**徒步时间**　**3 小时**　　**路线难度**　★★☆☆☆

休息点　　洗手间　　起终点

凌霄花

櫻花

三洲塘水库

云海公园 **3**

4

交通指引

梅沙尖盐田检查站登山口

周边公交站：永安北山路口站

周边地铁站：8号线盐田路站E口

三洲塘水库碧道

周边公交站：云海公园站（云海专线）

特别提示

前往云海公园可以乘坐云海专线，车满即不上客。碰上云雾天气、暴雨天，

云海专线将停运，请留意官方发布的信息。

北山道

惠深沿海高速

云海公园

◎ 第 1 段

梅沙尖盐田检查站登山口—小三洲公路—翠岭水库—云海公园

一路盘桓起伏 层层移步换景

梅沙尖盐田检查站的登山口隐藏在梅盐公路边，须留意找到登山口的标志。从山脚的登山口到山顶的云海公园，是一段持续转弯的爬升路段，林木葱郁，草色青青，城景若隐若现，行至云海公园，视野极好，山海港城尽收眼底。

◯ 边走边看

翠岭水库

翠岭水库是盐田区半山公园带景观的重要组成部分，由林溪筑巢、揽翠台、翠岭溪、清风沐阳四大景观节点、多个小节点串联起来。翠岭水库湖泊面积约 3.8 万平方米，周边拥有丰富的山石、溪谷、泉水等自然资源，是一个有着自然野趣的水库公园。

云海森林服务站

    远远望过去，云海森林服务站就如同一艘白色邮轮停靠在云端。云海森林服务站总面积约 880 平方米，一楼为文创展厅，二楼可提供简餐，三楼是一家结合咖啡和阅读的书吧，二、三楼都拥有宽敞的观景平台，观景台的西面是梧桐山，南面是宁静湛蓝的大鹏湾，东面是海平线和一片层峦叠翠的山峰，北面可仰望云烟缭绕的梅沙尖。三楼观景台室外，设有高空玻璃看台，可"悬空"远眺山海港城盛景。

云海公园

    云海公园地处海拔 380 米的半山平台，背靠梅沙尖和三洲塘水库，公园拥有一片翠绿的草坪和一栋三层楼的白色建筑——云海森林服务站，是一座自带浪漫和神秘色彩的宝藏公园。大草坪可举办婚礼，深圳首家滑翔基地也选址这里，是年轻人去盐田必打卡的热门景点。

M Stand 云海公园店

M Stand 云海公园店

　　M Stand 云海公园店或许是深圳海拔最高的书吧，室内布置采取金属材质和流畅的曲线设计，唯美的建筑外部杋室内冐冷的金属风形成了鲜明的对比，颇具科技感。室内靠落地窗的两侧是阅读区域，挑选一本书，靠窗而坐，便可静享半天悠闲时光。

书吧内景

◉ **第 2 段** 云海公园—三洲塘水库碧道

湖山两相宜 草木四时春

许多游客走到云海公园，便会终止旅程，其实，在云海公园旁藏着一条秀丽的碧道——三洲塘水库碧道。碧道沿着水岸线绵延弯曲，青山秀水构成了一幅宁静的画卷。沿着土石路绕着水库行走，出口和公路相连，之后可沿着公路下山，或者返回云海公园乘坐云海专线 A 下山。

🔍 边走边看

三洲塘水库

三洲塘水库始建于 1971 年，主要功能为防洪和生态景观。水库湖泊面积约 3.5 万平方米，有观云台、小鲲山、青云桥三大景观节点。水库周围建有三洲塘水库碧道，长约 2.3 千米，绿水、栈桥、奇石分布其中，与连片山林、水库相映成趣。

三洲塘水库

✿ 博物赏识

巴西野牡丹

巴西野牡丹又叫紫花野牡丹，原产巴西低海拔地区，是野牡丹科蒂牡花属的常绿小灌木，花色艳丽，花瓣倒卵形，呈蓝紫或紫红色。喜高温、阳光充足的环境，一年可多次开花，以春夏季开花较为集中。

巴西野牡丹

花叶艳山姜

花叶艳山姜是深圳用得最多的彩叶植物之一，在公园的小溪边、假山旁、大树下，经常能看到它们的身影。花叶艳山姜是艳山姜的园艺品种，也称月桃、花叶良姜，为多年生草本植物，叶有金黄色纵斑纹，数十朵白色花苞组成圆锥花序从枝头垂落而下，花苞尖端略带粉色，开花后，花心又呈黄色，非常娇美。

花叶艳山姜

凌霄花

凌霄花是紫葳科凌霄属攀缘藤本植物，羽状复叶，花呈鲜红色，裂片半圆形，花期 6—8 月，对土壤和气候的适应性较强，三伏天也能繁花不断。

凌霄花

钝钉头果

钝钉头果也叫气球果，常绿灌木，原产非洲热带地区。果实呈淡绿色的球状，表皮长着毛刺，似用钉子钉入，故名钝钉头果。果实中空无果肉，成熟开裂后，内藏的种子便四处分散。

钝钉头果

栾树

栾树属无患子科栾树属乔木或灌木，羽状复叶。栾树春季嫩叶多为红叶，夏季满树黄花，秋季叶色变红，结出紫红的果实，形如灯笼，又名灯笼树、金钱树。花期 6—8 月，果期 9—10 月。

栾树

🍵 周边游玩

三洲田云海步道沿途有多个岔路口，可前往红花沥水库，或攀登梅沙尖。从云海公园乘坐云海专线下山，其中专线 A 停靠站点中可游玩的有大华兴寺、庚子首义雕塑园、小三洲、醉樱亭、海滨栈道，可根据自己的喜好，前往兴趣点探索。

盐田的"生态翡翠链"

半山公园带一角

　　盐田区背靠梧桐山，面临大鹏湾，自然资源丰富。依山傍海的盐田区充分利用"山海港城"优势，打造绿美盐田。2020 年，以绿道和登山环道、森林公园、现有风景区为依托，采取改造和新建相结合的措施，盐田半山公园带开工建设。

　　盐田半山公园带总长约 69 千米，被誉为盐田的"生态翡翠链"。其中三洲塘水库、翠岭水库、红花沥水库都位于半山公园带内，3 个湖泊以湖景为核心景观，以周边植物营造个性特色，以健步道连通登山道、绿道，打通了半山公园带大小循环。

　　2023 年 5 月，位于半山公园带核心区的云海公园建成开放，一跃成为盐田热门打卡地，越来越多的人来此看云、看海、看山。云海公园的云端婚礼也深受年轻人青睐，成为爱情婚恋文化网红地标。

　　盐田半山公园带像是都市生活的留白处，即使再忙碌，走进半山公园带，都愿意将时间献给山林，在此收获悠然登半山、一览山海城带来的快意。

中英街步道

在深圳八景中，有一景为"一街两制（中英街）"。中英街宽不足 4 米，长不过 250 米，位于沙头角边境特别管理区内。因独特的地缘和人文景观，改革开放后，中英街一跃成为著名的"购物天堂"，曾创下日均 10 万人次的人流量纪录。此外，它还承载了一段波澜壮阔的历史，更是深圳对外开放历程的见证者，是一条蕴含丰富历史信息的步道。

◁ 行走指南

　　在这条不足 300 米长的小街上，你可以随意选择自己的漫步方式：跟着人流沿着主街购物，走进历史博物馆了解它的前世今生，或在警世亭前感怀它的百年沧桑。喜好清静的游客，还可沿着临海路一路走到古塔公园内，之后再沿着步行街直行抵达出关口。

　　历史民俗爱好者可选择到沙栏吓村探访吴氏宗祠和天后宫。经过改造的桥头街，汇聚了众多特色饮食店铺，游客可在此一路吃喝，拍照打卡，来一场体验潮流的玩乐之旅。

中英街历史文化墙

步道分类　历史文化

步道路线　中英街—桥头街—海滂街—环城路—碧海路—临海路（海滨栈道）—古塔公园—
步步街

路线长度　**2.9 千米**　　徒步时间　**1 小时**　　路线难度　★☆☆☆☆

交通指引

中英街

周边公交站：沙深路口站

周边地铁站：8 号线沙头角站 A1 口

步步街

周边公交站：中英街关前站站

周边地铁站：8 号线沙头角站 A1 口

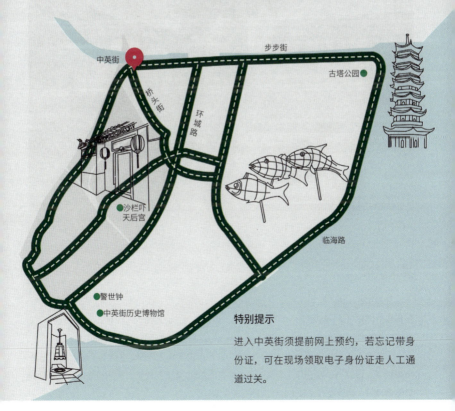

特别提示

进入中英街须提前网上预约，若忘记带身
份证，可在现场领取电子身份证走人工通
道过关。

○ 边走边看

中英街界碑

中英街上共有 8 块界碑，是 1899 年中英两国依据中英《展拓香港界址专条》在沙头角勘界而形成，其中 3、7 号界碑位于中英街上，1、2 号界碑位于中英街街尾，而 8 号界碑在关口桥下。

中英街界碑是深港边界的标志，以界碑为限，东侧属于深圳，西侧属于香港。在特殊的时代背景下，它们见证了中英街百年来的历史风云。

中英街界碑

吴氏宗祠

清康熙年间因"迁海复界"，广东省政府出台优惠政策，吸引外来人口，鼓励移民垦荒，吴氏族人便是在这一时期来到广东博罗地区，以农耕为生。随着人口增长，一支吴氏族人在嘉庆二十五年（1820 年），从博罗迁移到如今的沙头角，放弃农耕，以捕鱼为生。

吴氏族人于嘉庆年间在沙栏吓村修建了宗祠，由于年久失修，在很长一段时间里已是断壁残垣。1987 年，吴氏族人募资重建，宗祠于 1989 年 1 月竣工。大门楹联"渤海家声，延陵世泽"，仿佛在诉说着滨海客家的迁徙之路。

古榕古井

踏进中英街，最惹人注目的便是屹立在中英街和桥头街岔路口那棵高大挺拔的榕树，再往里走，沿街也总能看到树影婆娑的古榕。这些榕树已有上百年历史，古井便在榕树周围，是清康熙年间迁来沙头角拓荒的客家人所建。古井对两边的居民有着养育之恩，"同走一条路，共饮一井水"的歌谣至今在中英街的居民中流传着。

古榕树

沙栏吓村天后宫

天后宫与吴氏宗祠在同一条巷子上，两者都是当地民风民俗的重要遗存，天后宫曾在台风中被摧毁。1988年被深圳市人民政府公布为市级文物保护单位；2001年，村民自主捐款重建。

从商铺林立、人潮汹涌的主街，拐进沙栏吓村，喧嚣如潮水般退去，小巷里少有人影。天后宫并不大，却是当地人生活的一部分，天后宫天后宝诞（每年农历三月廿三日）是沙栏吓村自清朝承传至今的民俗活动，在天后宫重建完成时，天后宝诞祭典也得以恢复。

天后宫

中英街历史博物馆

中英街历史博物馆位于一号界碑东侧，于 1999 年 5 月开馆，也是深圳市爱国主义教育基地、广东省爱国主义教育基地，现有馆藏文物近 1500 件。博物馆共设四个展厅，第一展厅讲述沙头角悠久的历史文化，第二展厅介绍中英街的形成过程，第三展厅聚焦抗日战争时期到改革开放前的中英街，第四展厅则展示改革开放后中英街的发展史。"百年中英街"为常设展览，一段波澜壮阔的历史时光被翔实生动地展现出来。

警世亭

在中英街历史博物馆广场上立有一个警世亭，内挂一个巨大的铜钟，这就是中英街警世钟。警世亭并不大，但亭子内侧、地面及钟上记叙了中英街被割占、抗争、变迁、发展和回归的历史。每年 3 月 18 日是"中英街 3•18 警示日"，当天在广场上都会举行鸣钟仪式，低沉厚重的钟声提醒着国人"勿忘历史，警钟长鸣"。

古塔公园

沿着临海路的海滨栈道一直往前走，一座六角七层仿宋古塔出现在视线内，这便是中英街古塔公园的标志性建筑物。古塔角檐下挂有铜铃，四周被树木环绕，周边建筑大多为仿宋式样。观海亭、听涛轩，亭台参差，曲径通幽的小道上，可尽享古典园林的雅致与清幽。

警世亭

📖 周边游玩

从中英街出来，沿沙深路向北直行约 2 千米可到沙头角地铁站，乘坐地铁可到盐田海滨栈道或者有"东方夏威夷"之称的大、小梅沙景区。

⚜ 步道故事

"百年名街"与"购物天堂"

百年中英街，始于 1899 年。

中英街原名"鹭鹚径"，1899 年 3 月 18 日，根据《展拓香港界址专条》和《香港英新租界合同》，中英两国在沙头角勘界，以街上的 8 块界碑为限，把沙头角分成了"英界"和"华界"两部分，中英街便起源于勘界过程中形成的中英陆地边界线。勘界后，两边原就同根同本的居民依然往来频繁，人们逐渐在干涸的河床上搭建起房屋，摆摊做生意，中英街初具雏形。

百余年来，中英街一直处于历史的风云前沿，走过动荡的战争时期，经历改革开放，目睹香港回归祖国，中英街见证了中华民族从屈辱到抗争，一步步走向富强的历程。

1979 年，建市不久的深圳迎来了一批批内地游客，处于深港交界地带的中英街凭借商品种类丰富、物美价廉的优势，加上香港商品还可以免税，吸引了来自五湖四海的游客，中英街成为远近闻名的"购物天堂"。不足 300 米的街道，两侧店铺林立，"黄金热"达到高潮时，光是黄金铺子就有 47 家，也成为全国第一条"黄金街"。除了售卖香港黄金，中英街还畅销生活用品，至 1988 年，将近 10 年的时间，中英街的销售额由 590 万元跃升到 15.68 亿元。

时过境迁，历经百年风雨的中英街仍在寻求"破圈之路"。2023 年年底，经过一年多的建设，中英街改造升级工程首期开街，桥头街、鱼骨街等街区首批亮相。改造后的桥头街充满了港式风情，在这里，你可以品尝到正宗的港式味道，奶茶、糖水、茶餐厅、咖啡店……这里还不定期举办深港创意市集，带给游客别样的新鲜体验。此外，中英街还通过延迟通关时间、升级"智慧办证"等方式，吸引游客，打造夜间经济消费场所，让中英街"购物天堂"与"百年名街"的金字招牌历久弥新。

第五程

南山

水映春山　花照晴川

　40 多年来，改革者秉承特区精神，以开山填海之势，创造了一个又一个奇迹，也在蛇口留下了许多宝贵财富。蛇口开山步道途经多个改革开放历史遗迹，串联起一部活化的蛇口发展史。行走于这条步道，在欣赏山海美景、领略湾区新貌的同时，也会读懂蛇口作为中国改革开放的"试管"和历史缩影，在改革开放历史上具有的重要意义。

蛇口开山步道

走读『春天的故事』

◁ 行走指南

　　蛇口开山步道从港湾大道出发，沿邮轮大道行至蛇口邮轮母港，在这里可以欣赏蛇口富有亚热带风情的滨海风光；再向北沿太子湾路和港湾大道步行 1.8 千米至南海大道，便можно看到微波山时间广场和那句影响深远的口号"时间就是金钱，效率就是生命"；随后从观海路上微波山，这里坐落着招商局历史博物馆（新馆），展现了招商局波澜壮阔的百年历史；从展馆出来后，沿着望海路，行至海上世界广场区域，海上世界文化艺术中心和著名的明华轮均坐落于此；穿过海上世界，沿着太子路可以直接走到南海意库，这里有改革开放初期留下的旧厂房，而今它们已经变身充满创意和活力的产业园区了。

步道分类　　城市风采

步道路线

港湾大道—蛇口邮轮母港—微波山时间广场—招商局历史博物馆（新馆）—海上世界文化艺术中心—海上世界广场—明华轮—南海意库

路线长度 **4.7 千米**　　　**徒步时间** **2—3 小时**　　**路线难度** ★☆☆☆☆

交通指引

港湾大道
周边公交站：招商港务站
周边地铁站：12 号线左炮台东站 A 口

南海意库
周边公交站：南海意库站
周边地铁站：2 号线水湾站 D 口

 休息点　　 洗手间　　 起终点

港湾大道
1

N

特别提示

参观招商局历史博物馆（新馆）
需要在"招商局历史博物馆"小
程序进行预约。个人参观只能预
约周六；周一至周五接受团体预
约，周日不开放。

南海意库

8

明华轮

7

海上世界广场

6

微波山时间广场

时间就是金钱
效率就是生命
Time is money, efficiency is life.

5 海上世界文化艺术中心

4

招商局历史博物馆（新馆）

3

大王椰

2 蛇口邮轮母港

◎ 第1段　港湾大道—蛇口邮轮母港

魅力港口，在海上世界中歌唱

舒适宁静，是这条步道起始带给你的切实感受。阳光落满港湾大道，而不远处吹来的海风悄悄吹散了日光带来的微微热意。人们可从连接四方、面向世界的蛇口邮轮母港开始感受步道的魅力。

Q 边走边看

蛇口邮轮母港

2016 年正式启用的蛇口邮轮母港被授予"中国邮轮旅游发展实验区"，是华南地区最大的邮轮母港。这里也承担着深圳往返香港、澳门、珠海的水上客运业务。若想一探海上奇景，可以搭上邮轮，来一次"说走就走"的旅行。

⊙ 第 2 段　微波山时间广场—招商局历史博物馆（新馆）

改革之卷，在时光长河中流淌

大南山麓，太子湾畔，微波山公园郁郁葱葱，站立山顶，一幅恢宏壮丽的湾区画卷尽收眼底。家喻户晓的"时间就是金钱，效率就是生命"标语牌矗立于微波山下，伴着来来往往的行人与车流，演绎着激情澎湃的改革故事。微波山上的招商局历史博物馆（新馆）于 2022 年年底开馆，以另一种方式讲述着百年招商与近代中国跌宕起伏的图强历程。

Q 边走边看

招商局历史博物馆（新馆）

招商局历史博物馆（新馆）

通过一家企业的变迁史，看到中国近现代的变革图强之路。2022 年年底，坐落于微波山顶的招商局历史博物馆（新馆）重新启幕，新馆展览以"百年求索，商道逐梦"为主题，展现了招商局从 1872 年至今跨越 3 个世纪的发展历程。富于艺术化设计的展馆，加之多场景再现、模型复原等展示方式，使观众可以沉浸式感受到 100 多年来，招商局集团在中华民族复兴的奋进征程中，一步步发展强大的铿锵足迹。

微波山时间广场

微波山时间广场

　　微波山因 1979 年我国第一个商用对外通信微波发射塔建立于此而得名。同年 7 月，中国改革开放"第一炮"在此炸响。"时间就是金钱，效率就是生命"标语牌也于此定格，这里也有了"时间广场"的美名。40 多年来，这句标语深刻影响着一代代奋斗者，是中国改革开放的重要文化符号。2023 年，微波山时间广场被评为深圳 10 处改革开放重要史迹之一。

◎ 第 3 段

海上世界文化艺术中心—海上世界广场—明华轮—南海意库

湾区之星 在清风明月中绽放

　　山海有诗意，说的莫过于此。蛇口拥有超长海岸线，海是安放生活的"灵魂"。沿望海路走至海上世界文化艺术中心，这里是滨海文艺生活目的地。湿润的海风拂过海湾，临海的艺术中心阶梯上坐满了等待黄昏的人们。在艺术中心面向海的一侧还矗立着一尊大步向前的"袁庚雕塑"。袁庚，这位中国改革开放的先驱实现了他当初许下的诺言：将蛇口建成东方的夏威夷。

　　一条望海路，带你一路欣赏海上世界的独特魅力。而沿着兴华路行走，则可到达由三洋厂房改造的创意产业园区——南海意库。

○ 边走边看

海上世界文化艺术中心

　　海上世界文化艺术中心是深圳与世界交流的一扇窗口。它以超美建筑设计蜚声海内外，多年来连续登上旅游打卡热搜榜。中心常年不间断提供国内外优秀团队策划的主题展览、文化演出、公众活动等，观众可以感受到来自世界各地的文化艺术。

海上世界文化艺术中心

海上世界夜景

海上世界广场

　　海上世界广场是蛇口的地标符号，聚集了众多老蛇口文化元素和改革开放历史遗迹。其中女娲补天雕塑是蛇口改革开放的另一标志性景点。1986年蛇口工业区成立十周年之际，蛇口工业区决定竖立一座体现蛇口人精神与追求的新地标，于是这座雕塑成为蛇口动人的风景。

明华轮

　　一艘轮船从海上客轮成为陆地酒店，真实地见证了蛇口沧海桑田的变化。明华轮原为法国建造，曾作为一艘豪华客轮远渡重洋来到此地。1984年，邓小平同志来深圳视察，并为明华轮题字"海上世界"，这四个字成为深圳的一张名片。2013年12月，耗时3年打造的海上世界全新启幕。每天晚上明华轮前精妙绝伦的音乐喷泉，是海上世界的招牌节目。

南海意库

南海意库原为建于 20 世纪 80 年代初的三洋厂房，此处也是改革开放最早的"三来一补"厂房之一。1983 年，日本三洋株式会社入驻后开始生产录音机、收音机、电子表等多种产品。2006 年，蛇口三洋厂房改造拉开序幕，历时 3 年零 9 个月改造完成，旧工厂华丽转身为艺术潮流和文创企业云集之地。

南海意库

🌼 博物赏识

榄仁

榄仁是使君子科榄仁属大乔木植物，高多达 15 米，花期 3—6 月，果期 7—9 月。耐旱亦耐水湿，生长快，树枝平展，树冠宽大如伞状，有极好的遮阴效果，多栽培作行道树，是滨海地区极佳的绿化树种，也是沿海防护林的优良树种。

榄仁

大王椰

　　大王椰为棕榈科大王椰属常绿乔木植物，俗名大王椰子、王椰、王棕。高 10—20 米，树形挺拔优美且雄伟壮观，茎干中部膨大，具有较高的观赏价值，被广泛种植于热带和亚热带地区，列植作行道树或群植作风景林。它的种子是家鸽的主要饲料，其果实含油，也可作猪饲料，有一定的经济价值。

大王椰

海枣

　　海枣又称枣椰子、枣椰树、仙枣、椰枣、波斯枣等，是棕榈科海枣属乔木植物，高达 35 米。常被植于公园、庭园作风景树。喜阳光，耐高温、耐干旱、耐盐碱、耐水淹，原产西亚和北非地区。海枣树的寿命很长，能存活 150 多年，因此也被称作"最古老的树种"之一。

海枣

巴西鸢尾

　　巴西鸢尾是鸢尾科巴西鸢尾属多年生草本植物，株高 30—40 厘米，花期春至夏。原产巴西，华南地区有大量引种栽培，喜高温及湿润气候，常生长或栽培于园路边、疏林下、滨水岸边等，花朵为蓝白色，优雅美丽，适合规模种植观赏。

巴西鸢尾

☕ 周边游玩

蛇口是深圳闻名的慢生活社区，想要品味蛇口就往大街小巷里探索。若是要体验地道的当地生活，就去蛇口市场尝尝新鲜打捞上来的渔获，市场周边的烧腊、煲仔饭、汤粉和广式糖水也不会让你失望。城市漫游爱好者绝不要错过荔园路，道路浓荫匝地，最适合步行。

途中的 G & G 创意社区有各式餐饮铺可以大快朵颐。这里还有许多社区咖啡店、面包店在某个不经意的拐角与食客们相遇，独特的风味和创新的点子常常给人们带来新鲜的口感。

♟ 步道故事

响彻中华大地的"蛇口春雷"

改革开放初期，时任交通部香港招商局常务副董事长的袁庚经常在深港两地往返。香港与蛇口，仅一水之隔，但两地在经济和思想观念上却有很大差别。袁庚深深感受到体制和观念的巨大阻力，他决心从思想解放出发，提一个有凝聚力和号召力的精神口号。

1981 年，从香港回蛇口的路上，袁庚想了四句话："时间就是金钱，效率就是生命，顾客就是上帝，安全就是法律。"后来，工业区管委会选择了前两句做成标语，放置在通向往返香港班船码头的道路旁。目的是让香港同胞知道，蛇口是讲效率的地方。

口号刚一喊出，就招来巨大争议，甚至有人骂"蛇口人要钱不要命"。面对质疑和反对，袁庚说："我们愿意接受实践法庭的审判"。在争议声中，这块标语牌几经竖立和拆除，但始终没有被广泛认可。

1984 年，邓小平同志来到蛇口视察，袁庚跟邓小平提起了这句口号。邓小平回京后与中央领导人谈话时，肯定了这句口号。同年 10 月，在庆祝中华人民共和国成立 35 周年的游行队伍中，蛇口工业区的彩车从天安门前缓缓驶过，"时间就是金钱，效率就是生命"这句口号从此传遍神州大地，被誉为"冲破思想禁锢的第一声春雷"，成为中国改革开放鲜明的文化符号和精神标识。

热爱城市漫步的人们，很难不爱上位于市中心的华侨城创意文化园。这里流动着深圳少有的慢节奏：道路保留着令人舒适的步行尺度，绿荫几乎覆盖每一个角落，还有不时举办的艺术展览、创意集市、小型音乐会等活动，让人产生一欲探索的新鲜感。它是灵感和创意迸发的前卫街区，是深圳青年艺文生活的启蒙地，也是参与城市局部大命脉建构的创意园。侨城创意步道串联了华侨城创意文化园、华侨城生态广场等多个地标，带领游人体验惊喜不断的创意之旅。

侨城创意步道

走进城市文艺生活栖息地

步道分类　城市风采

步道路线　侨城东路—华侨城创意文化园—燕晗山郊野公园—香山中街—欢乐谷—深南大道

路线长度　**4.3 千米**　　徒步时间　**2 小时**　　路线难度　★☆☆☆☆

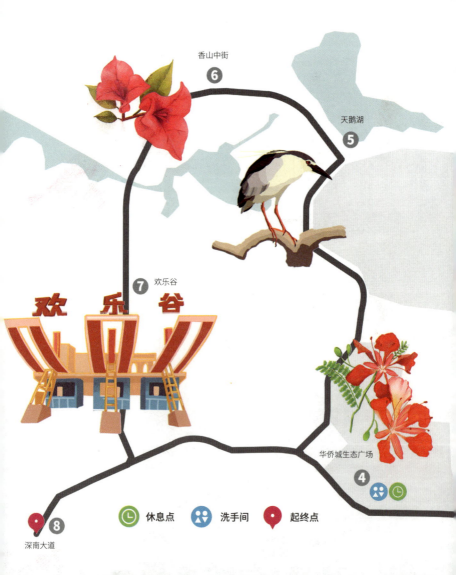

香山中街
❻

天鹅湖
❺

欢乐谷
❼

华侨城生态广场
❹

❽
深南大道

🕐 休息点　　👥 洗手间　　📍 起终点

🧭 行走指南

　　侨城创意步道适合寻一日休闲，深度漫游。重获新生的老厂房，层出不穷的展览，张扬的艺术装置和涂鸦都让人忍不住驻足细看。

　　步道以侨城东路为起点，进入华侨城创意文化园，看展览、喝咖啡，探寻各类小而美的店铺。横穿园区，经汕头街转入侨城东路，途中经燕晗山郊野公园、华侨城生态广场，探寻城中森林秘境。沿着杜鹃山东街向北走，路的另一侧是国内最早的主题乐园之一——欢乐谷。走至路的尽头，遇香山中街向西拐。香山中街是深圳春天最美的街道之一，行走时一路簕杜鹃花如影随形。最后抵达深南大道，这条贯穿城市东西的主干道见证了深圳从边陲小镇崛起为国际化大都市。

交通指引

侨城东路
周边公交站：警校站、深职大华侨城校区站
周边地铁站：1 号线侨城东站 A 口

深南大道
周边公交站：世界之窗①站
周边地铁站：2 号线 / 1 号线世界之窗站 A 口

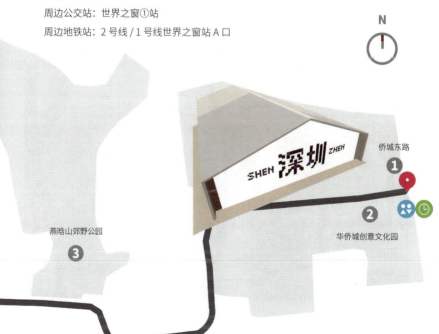

◉ **第 1 段** 侨城东路—华侨城创意文化园

城中的文艺绿洲

从侨城东路走进华侨城创意文化园，从繁闹中转身投入城中绿洲。华侨城片区的绿化覆盖率达 70%，林木茂密，浓荫蔽日，分不清是城在林中还是林在城中。不管走到何处，都有舒适的步行环境，华侨城创意文化园内还禁止机动车进入，为自在探索提供了良好的空间。

华侨城创意文化园由 20 世纪 80 年代的老旧厂区改造而来，大多建筑依旧保留着粗粝的、充满工业质感的外立面，并覆以夸张大胆的手绘涂鸦。历史的遗存与先锋的创意相撞，形成了园区独特的风格。

园区内入驻了许多艺文品牌店铺，适合细品慢逛。旧天堂书店是深圳知名的独立书店，店中陈列着文史哲书籍与黑胶唱片，店后还有咖啡售卖。恋物百货公司是杂志《Little thing 恋物志》的实体店，步入其间仿佛进入爱丽丝的奇幻世界，清新自然的装潢、复古文艺的物件都让人心动。

如果是周末前来，不要错过 T 街创意集市。一排排明黄色的小摊子是集市最明显的标志。陶瓷、香薰、手作饰品，还有各种富有创意的作品……游览小摊子上琳琅满目的商品，也遇见了摊主有趣的灵魂。

华侨城创意文化园街头

Q 边走边看

华侨城创意文化园

　　华侨城创意文化园是一个汇聚创意、设计、艺术的开放性文化创意产业园区，也是"深圳特色文化街区"。园区分为南北区，南区以艺术画廊、手作坊，以及创意设计工作室为主，北区则分布着各类餐饮店，想要探寻独特的口感，可前往特色咖啡、酒吧，尝一尝店家精心调配的特调。

华侨城旧天堂书店

◎ 第2段　燕晗山郊野公园—华侨城生态广场

凤凰花开的路口

　　从创意园区出来，沿汕头街南下，遇侨城东路往西走。这一片是华侨城的居民区，市井气息十足，高大林木的枝叶探进居民楼，街坊们拎着买的菜互相打招呼，还有放学后的小学生呼朋引伴，欢笑归家。

　　途中经过的燕晗山郊野公园是华侨城规划之初保存的天然山丘，从20世纪90年代至今依旧保持着雕琢甚少的自然野趣。

　　继续沿侨城东路行走，就来到了华侨城生态广场。广场是一座社区公园，开放式的场地给予了多元化社交场景的可能：草坪上年轻人支起帐篷、散坐野餐，树下大爷们三五成群、对弈闲谈，孩子们蹲在溪边观察昆虫植物，还有带着宠物围着中央喷泉遛弯的人们。每年5月是生态广场最热闹的时候，园中几十株凤凰木齐齐开花，火红的凤凰花连片成霞，点燃了赏花人的热情。

　　在华侨城，就连菜市场也是网红打卡点。位于生态广场对面的华侨城综合市场，经过改造融入了华侨城片区的文艺气质，场内布置主题海报、创意招牌等，增添了活泼有趣的视觉效果。

凤凰花开

○ 边走边看

燕晗山郊野公园

　　燕晗山郊野公园位于华侨城片区的中心地带，有数个入口。

　　园中溪水清潭，古木参天，山体海拔不高，且登山道宽阔舒缓，不到半日就能走完。

　　小山中流水落下，并随山势起伏，错落成瀑布、池塘和小溪。池塘上有木桥、石磴，供人亲水近水，青苔附着在岸边的石头上，透着些古朴禅意。小溪会从燕晗山一直流进南边的生态广场，山涧清凉，水流淙淙，是人们溯溪纳凉的好去处。

燕晗山郊野公园

华侨城生态广场

　　生态广场位于华侨城片区的中心地带，周围环绕了欢乐谷、燕晗山、居民社区和华侨城创意园，是各个地标景点交会的中心。每年 5 月这里会举办"OCT 凤凰花嘉年华"，现场有戏剧体验、手工 DIY、艺术展览等多种活动，让市民游客在火热的凤凰花下共享自然与艺术的盛宴。在这座开放式的休闲园区中，人工造物和自然景观相映成趣，质朴、粗拙，却别有生趣。

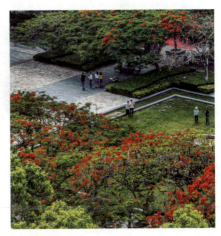

华侨城生态广场

◎ **第3段** 欢乐谷—香山中街—深南大道

春意盎然的花海步道

沿杜鹃山东街行走，路的另一侧是欢乐谷，主题乐园的欢呼惊叫声透过行道树隐隐传来，抬头可见巨大的游乐设施。

走到杜鹃山东街的尽头便到达了香山中街。两街交会处是天鹅湖，林木环绕，水色青青，小白鹭、夜鹭等水鸟从湖上翩跹飞过。

沿香山中街向西行走，路两侧林荫遮蔽，树影婆娑，些许阳光透过枝叶洒下金色的光斑，晒得人暖洋洋。春天时，香山中街变成了名副其实的花海步道。勒杜鹃花盛开，春意从枝丫间倾泻而下，为"森林隧道"点缀上浪漫的嫣红。

香山中街的终点是深南大道。深南大道是深圳的城市名片，站在街头，可以眺望这条宽阔的大道，感受深圳飞速发展的澎湃活力。

○ 边走边看

欢乐谷

在 20 世纪末，当国内的主题公园还是一片空白时，锦绣中华、世界之窗、欢乐谷横空出世，沿着深南大道密集地组成一个娱乐世界。微缩的全球景观、丰富的中华民俗风情、惊险刺激的娱乐设施，为游客开启了一日梦幻之旅。

深圳欢乐谷

深南大道

深南大道全长 25.6 千米，纵贯城市东西，被称为"深圳第一路"。深南大道一路伴随着深圳城市的发展，一条大道便是半部改革开放史。深南大道先后贯穿东门老街商业区、蔡屋围金融中心区、华强北商贸圈、市民中心与福田 CBD、华侨城旅游区、高新技术产业园区、深圳大学粤海校区（校本部）。

🌸 博物赏识

凤凰木

凤凰木花开的季节为5—8月，与毕业季的时间恰好吻合，学生们常常以一曲《凤凰花开的路口》唱出毕业的离别愁绪。凤凰木是豆科凤凰木属高大落叶乔木，原产马达加斯加岛及非洲热带地区，后被引进国内栽种，在我国南方常常可见。凤凰木被称作是世界上最鲜艳的树木之一，花朵火红艳丽，与细长的绿叶相映衬，称得上是"花如丹凤冠，叶若飞凰羽"。

凤凰木

红嘴蓝鹊

红嘴蓝鹊是最大的鸦科鸟类之一，属于深圳地区的常见留鸟。红嘴蓝鹊的外形十分优美，羽毛呈蓝、白、黑三色，喙和爪子为鲜艳的红色，尾巴飘逸修长。它们食性较杂，以昆虫等动物性食物为主，在野外一年可以消灭15000条左右的松毛虫。

红嘴蓝鹊

酢浆灰蝶

人们常将找到三叶草中那枚独特的四叶草视为幸运，此处的三叶草就是指酢浆草。酢浆灰蝶以酢浆草科植物为食，因这类植物生命力强、分布广泛，所以酢浆灰蝶也在城市各处出现，它也是深圳最常见的小型蝴蝶之一。雌蝶的翅膀呈灰褐色，雄蝶的翅膀正面为蓝灰色，有轻盈灵动之美。

酢浆灰蝶

🍵 周边游玩

与侨城创意步道一路之隔的世界之窗和锦绣中华民俗村是深圳的老牌主题乐园，园中微缩的全球景观让游客足不出"市"，就能遍览世界各地的风情。锦绣中华民俗文化村的南边是华侨城国家湿地公园，这个"都市中的绿翡翠"拥有原生的红树林群落及丰富的动物种群，不仅可以近距离研究各类红树，还可以在候鸟季时观察到黑脸琵鹭等珍稀鸟类。

⚒ 步道故事

从老厂房到创意园区

华侨城创意文化园经历了深圳从工业时代向后工业时代的转型。改革开放初期的深圳以"前店后厂"的模式，承接着来自香港的制造业转移，"三来一补"（"来料加工""来样加工""来件装配"和"补偿贸易"）工厂在鹏城遍地开花。华侨城原东部工业区同样聚集着大量加工企业，包括华力纸箱厂、康佳等著名企业。

随着经济结构的调整，劳动密集型工厂纷纷从城市中心向外迁移，大面积的旧厂房被闲置，在城市更新的迭代发展中被推倒重建。面对工业遗存开发利用的课题，华侨城没有遵从老路，而是探索出另一种路径——基于原有的建筑肌理改造活化。旧工厂被解构、重组，并被赋予新的生命力，成为一个个前卫的设计工作室、个性十足的文创空间及颇具情调的咖啡店和酒吧，组成了如今文艺气息浓厚的创意文化园。

现在的华侨城创意文化园形成了融合创意办公、特色商业、艺文生活体验的多元业态，构建起在深圳乃至国内极具代表性的创意人文社区，并成为城市具有地标意义的"创意策源地""文化目的地"。

大南山步道

临风登古道 祈寿上南山

大南山位于南头半岛南部。山虽不高，但平地拔起，峻美秀逸。山上林草茂密，山下海湾旖旎，登高远眺，可俯视半岛万家灯火，饱览深圳湾海天风光。周边还有赤湾古炮台、天后古庙、少帝陵等古迹，自古便是南山一带的风景名胜区。大南山步道从北至南，纵贯南山，将一路的自然风光、人文小景串联在一起，登山健步之余，也可一览南山山海融城的壮美景色。

◁ 行走指南

　　大南山步道全长约 4.1 千米，起于南山公园北登山口，止于南山公园别墅登山口。步道前半段是上山的台阶路，有一段略带强度的持续爬升。到山顶则是沿山脊线分布的数个观景台，一路山林茂密，清风习习，视野开阔，山脊两侧的景色尽收眼底。沿途景点包括南山明灯、天街揽胜、龟寿齐天、石景赏析、花溪幽谷、荔香徐来、万木竞秀和西隅闲趣等。途中还修建有多个以"寿"文化为主题的凉亭，外观、楹联、养生科普各具特色，漫步其间，既能体验健身乐趣，也有览胜观景的愉悦。

　　从祈寿亭到别墅登山口是一段较陡的下山台阶。行至寿文化广场，沿着宽敞安静的沿山路就可以步出南山公园了。

以"寿"文化为主题的大南山公园

路线长度 **4.1 千米**

徒步时间 **约 3 小时**

路线难度 ★★☆☆☆

步道分类 风物景观

步道路线

南山公园北登山口—8 号登山道—海关登山道—别墅登山口

交通指引

北登山口

周边公交站：荔林地铁站站

周边地铁站：9 号线荔林站 A 口

别墅登山口

周边公交站：明华中心站

周边地铁站：2 号线 /12 号线海上世界站 H 口

特别提示

1. 地铁荔林站到北登山口，须穿过荔林公园。公园古树苍苍，安静幽美，值得一逛。

2. 大南山步道上行是连续的台阶路，不想爬台阶也有平缓的盘山步道上山。

3. 俯瞰城市夜景是大南山一大特色，可预留好时间。

从南山公园俯瞰蛇口片区

Q 边走边看

荔林公园

　　乘地铁到南山公园北门，要穿过荔林公园。公园坐落于大南山北麓，园内密布古荔枝树，郁郁森森，异常幽静。除荔枝林外，公园还建设有运动、娱乐及休闲设施，是个适于漫步休憩的清静场所。

南山公园

　　大南山步道所处的南山公园以大南山为主体，周围是蛇口工业区，总面积约 353 公顷，主峰高 336 米。山上树木茂密，四周风景秀丽，是登高望远、观赏日出日落的热门休闲地。南山公园以"寿"文化为主题，建有祝寿亭、集寿亭、益寿亭、延寿亭、祈寿亭、百寿廊等以"寿"命名的设施，暗合"寿比南山"的寓意。

齐天亭

　　齐天亭位于大南山山顶附近，是市民俯瞰南山山海风光和城市夜景的打卡地之一。此处临近导航台，宝安机场向南起飞的飞机在导航台上空转弯，吸引许多摄影发烧友在此拍摄。

齐天亭

❀ 博物赏识

酸藤子

　　酸藤子是紫金牛科酸藤子属攀缘灌木，生长于海拔 750—1500 米的山坡、林缘或灌丛中。总状花序侧生或腋生，着生于次年无叶枝上；根、叶可入药，有散瘀止痛、收敛止泻等作用，果可食。

酸藤子

半边旗

　　半边旗是凤尾蕨科凤尾蕨属多年生草本，常生于疏林下阴处、溪边或岩石旁的酸性土壤上。半边旗叶子秀美，挺拔坚韧，叶片长圆披针形，顶生羽片阔披针形至长三角形，深羽裂，两侧极不对称，故称半边旗。

半边旗

假杜鹃

假杜鹃是爵床科假杜鹃属小灌木，茎被柔毛，花蓝紫色或白色，密集生于短枝上，原产于印度，常生长于海拔700—1100米的山坡、路旁或疏林下，喜温暖、湿润及光照充足的环境。全株可入药，具有清肺化痰、祛风利湿、解毒消肿的功效，也可作为观花植物运用于园林。

假杜鹃

扛板归

扛板归是蓼科蓼属一年生草本，生长于田边、路旁或山谷湿地。茎攀缘，多分枝，叶三角形，总状花序呈短穗状，顶生或腋生。瘦果球形，直径3—4毫米，暗褐色，有光泽，包在蓝色花被内。花期6—8月，果期9—10月。

扛板归

☕ 周边游玩

大南山地处南山市区中心，周边有青青世界、小南山公园、文天祥纪念公园等一众景点。青青世界是一家以休闲度假为主题的观光农场，特别适合亲子游；小南山公园可观赏深圳湾日落；相比小南山公园和大南山公园，文天祥纪念公园海拔不算高，从山脚到山顶大概半小时，途中也有可休憩的亭子，在山顶可远眺珠江口伶仃洋。此外，海上世界就距大南山百米之遥，交通方便，文化设施密集，吃喝玩乐购选择丰富。

⚲ **步道故事**

南山荔枝

"日啖荔枝三百颗，不辞长作岭南人。"岭南地区荔枝栽培历史悠久，早在唐宋时期，便贵为"贡品"。清嘉庆二十四年(1819 年)编修的《新安县志卷三•物产类》，对荔枝的树形、花、果、品质、品种等有较详细的描述。

位于珠江入海口东岸的南山，得益于独特的土壤、气候条件，产出的荔枝果大肉厚、皮薄多汁，独特的风味深得人们喜爱，主要品种有糯米糍、桂味、黑叶、淮枝等，是岭南荔枝中享有盛誉的佳品。在南山，仍保存有众多树龄百年以上的老荔枝树。2006 年 10 月，原国家质量监督检验检疫总局批准实施"南山荔枝"地理标志产品保护，南山荔枝中的糯米糍、桂味、妃子笑三个品种获得国家地理标志证书，成为全国首个获得国家地理标志产品保护的荔枝。

除了营养美味，南山荔枝还担当过款待宾朋、促进商贸的"友谊大使"。早在改革开放初期，深圳市政府曾发布《关于建立"深圳荔枝节"的通知》，决定在每年 6 月 28 日到 7 月 8 日桂味和糯米糍上市之际举办荔枝节，以扩大影响、广揽宾客。1988 年 6 月 28 日，首届"深圳荔枝节"盛大开幕，吸引中外宾客达 20 万人。1998 年，深圳市委、市政府经过充分酝酿，决定将一年一度的"荔枝节"变身为更具时代特色的高科技展会。而南山则延续了举办"荔枝节"的传统，"南山荔枝文化旅游节"到 2023 年已连续举办 25 届。

无忧步道紧邻沙河西路，是大沙河生态长廊上的一段，也是塘朗山—大沙河—深圳湾山海通廊上景致最为和美的一段。因为沿路种植着中国无忧树，花开时节，碧水繁花，鹭翔蝶舞，流连其间令人乐而忘忧，故名无忧步道。

无忧步道

大沙河畔的忘忧时光

大沙河下游

🧭 行走指南

　　无忧步道位于大沙河西岸，是沙河西路一段滨河人行道。东侧是风景优美、休闲设施完善的大沙河生态长廊，西侧是高新科技园鳞次栉比的楼群。沙河西路上有众多入口，让你随时得以从繁忙闹市踏入花香鸟鸣的河畔。

　　无忧步道从滨海沙河西立交桥下的大沙河入海口起步，到龙珠大道与茶光路交界处终止，全程约 5.1 千米。如果你还没有尽兴，向北可以继续沿着大沙河向上游漫走，向南可以接续一段深圳湾公园的海滨步道。

步道分类 风物景观

步道路线 大沙河生态长廊西侧人行道

路线长度 **5.1 千米**　　**徒步时间** **2.5 小时**　　**路线难度** ★☆☆☆☆

交通指引

滨海大道

周边公交站：阳光带海滨城北站

周边地铁站：2 号线科苑站 B 口

茶光路

周边公交站：文光村站

周边地铁站：7 号线珠光站 D 口

特别提示

1. 无忧步道位于大沙河西岸，中途只有大沙河公园西门前一处汀桥可以连接两岸。

2. 起终点离附近的交通站点均有一段距离，可以坐公交车到沙河西路中途入口进入，或可以坐地铁 7 号线，从珠光站 D 出口向西步行至龙珠大道与茶光路交界处。

○ 边走边看

赛艇看台

　　大沙河全程分"学院之道""城市森林""活力水岸"三段，下游"活力水岸"段，河面宽近 50 米，水深达 2.5 米，河道开阔，水清如碧，深圳首个赛艇中心便在此设立，很多赛艇运动和一年一度的龙舟赛都在这段河面上展开。走在无忧步道上，最常见的风景，就是碧波荡漾的河面上穿梭的赛艇和青春昂扬的赛手训练的场景。

赛艇训练

悠时光环保书吧

悠时光环保书吧位于大沙河生态长廊近入海口处，室内面积约200平方米，是一个秉持绿色环保的运营理念、传播自然生态之美的河畔休憩之地。这里有独立的阅读空间，也有依窗喝茶、品咖啡的座椅，还可以在户外一边小憩一边吹风晒太阳，还定期开展环保自然教育类活动。

环保书吧

大沙河生态长廊游客服务中心

大沙河生态长廊游客服务中心位于大沙河公园西门入口。有一条汀步石桥连接两岸，走累了可以过河到东岸的服务中心休整一下。除了卫生间、售卖机之类的服务设施，服务中心还有一个氮气茶馆，可以就着眼前的灿烂阳光、鸟语花香喝杯茶翻翻书。

大沙河生态长廊游客服务中心

🌼 博物赏识

无忧步道所在的大沙河生态长廊，水清岸绿，动植物资源丰富。河道中生长着绿色亲水植物，河岸上是人工种植的紫花风铃木、宫粉羊蹄甲、火焰木、木棉等乔木及灌丛、地被和开花藤本植物。

中国无忧花

中国无忧花，豆科无忧花属常绿乔木，羽状复叶，圆锥花序，花多橙黄色，盛开时稠密而热烈，是良好的庭园、公园绿化和观赏树种。无忧步道上能见到中国无忧花行道树。

中国无忧花

风车草

风车草，莎草科莎草属多年生草本植物。叶顶生为伞状，有多条辐射枝，看起来像一个绿色的风车，故名风车草。风车草多生于河、湖边缘的沼泽中，喜温暖、湿润和阳光充足环境，也可以水培观赏。

风车草

黑翅长脚鹬

大沙河畔有很多鸟类，最常见的是各种水鸟。它们翩翩飞翔于水面与树冠之间，引人注目。

其中，黑翅长脚鹬是常见鸟类之一，这是一种迁徙性鸟类，每年都会在固定的时间进行迁徙，它们拥有一双纤细、修长的粉红色大长腿，羽毛以黑色为主，与白色的腹部形成了鲜明的对比。

黑翅长脚鹬

白胸苦恶鸟

白胸苦恶鸟是中型涉禽，它的前额、脸、颈、下腹都是白色，头顶和颈背呈黑色。白胸苦恶鸟栖息于长有芦苇或杂草的沼泽地和有灌木的高草丛、竹丛、湿灌木、水稻田中，以及河流、湖泊、池塘、公园。

白胸苦恶鸟

🍵 周边游玩

大沙河生态长廊下游段与深圳湾公园无缝衔接，大沙河的入海口便是深圳湾。深圳湾公园是观看日出日落的热门场所，游人可以在日出剧场欣赏一场绝妙的日出，也可以在海韵园等候一场璀璨的日落。行至大沙河公园，可继续向北探索大沙河生态长廊中段风景，这里有九祥岭湿地公园、塘朗山公园等景点，还设置了湿地森林、水岸森林生态元素。

⚓ 步道故事

生态绿廊与黄金赛道

大沙河上举行的赛艇竞赛

　　大沙河发源于阳台山,干流长 13.7 千米,从北至南纵贯南山区,最终注入深圳湾。据说,新中国成立初期,河中行驶最多的就是采沙船,周边居民盖房子也直接从河里取沙,因此得名"大沙河"。

　　作为南山的母亲河,大沙河一度为城市的发展付出了代价,污染超负荷,泥沙淤堵,河流出现"脏、臭、黑"现象。从 20 世纪 90 年代开始,南山区启动治水工程,从最初的防洪达标治理到消除河道黑臭、实现水清岸绿,再到雨污分流改造、景观提升,大沙河区域水环境和人居环境大为改善,成为深圳一条生态绿廊,并获评广东省生态修复十大范例之一。

　　随着水质持续向好,大沙河变身"黄金赛道"。自 2019 年起,南山区每年在大沙河生态长廊举行龙舟邀请赛。龙舟比赛对河流的水质、水位、流速都有特定要求,因此这也是对城市治水能力的一种考验。

　　如今的大沙河,不仅是鸟类栖息地,也是市民休闲漫步的热门去处。行走河畔,不时能看到年轻人在河道上练习皮划艇、赛艇的身影。特别是深圳西丽湖国际科教城 X9 高校院所联盟成立后,师生在大沙河上竞技赛事、展示风采日渐成为常态。

第六程

宝安

葱茏古意 飞扬活力

凤凰山被誉为宝安第一名山，海拔 376 米，方圆 1.2 平方千米，素有"凤山福水福盈地"的美誉。凤凰山山势峭拔，峰林俊秀，草木葱茏，溪流潺潺。山上凤岩古庙，山下丽水老村，是一方人文历史丰厚、山水风光绮美的人间福地，也是深圳名闻遐迩的祈福圣地。步福古道从凤凰古村出发，环凤凰山而上，穿林越脊直抵飞云顶，再经望烟楼逶迤而下，将沿途古村、公园、绿道、古庙及凤凰山山水精华和动人传说一步步串联起来。

凤凰山步福古道

把心愿说与凤凰山听

凤凰塔

◎ 行走指南

　　凤凰山步福古道沿途景观丰富，步道形态多样，步行者可以根据自己的兴趣和体能，选择其中一两段深度体验，也可以兴之所至一气走完。路线尽可能串联起周边自然与人文景观，全线大致可以分为三部分：由凤凰古村和凤凰人才林公园组成的山麓游走路径；凤岩古庙至飞云顶，再到望烟楼的登山路径；从望烟楼经凤凰山绿道到公园西门的下山路径。三段路风光迥异，各具特色，人文教益与自然趣味相映成趣，行走其中兴味盎然。

步道分类　历史文化

步道路线　凤凰塔—凤凰古村（捷卿公家塾）—凤凰人才林公园—凤凰山森林公园（凤岩古庙、飞云顶、望烟楼）—凤凰山森林公园西门

路线长度 **11.1 千米**　　**徒步时间** **3.5 小时**　　**路线难度** ★★★☆☆

交通指引

凤凰塔

周边公交站：文天祥纪念馆站

凤凰山森林公园西门

周边公交站：福凤路南站

特别提示

1.路线全程较长，从凤岩古庙到飞云顶，再到望烟楼有连续的台阶路需要攀爬，请量力而行。

2. 山脊线上巨石嵯峨，请勿临险攀登。

3. 沿线山林水草丰茂，注意防范蚊虫。

凤凰古村
2

凤凰山大道

N

凤凰山广场

凤凰人才林公园
3

凤凰山绿道

凤凰山森林公园

凤岩古庙 **4**

飞云顶
5

7
凤凰山森林公园西门

望烟楼
6

🕐 休息点

👥 洗手间

📍 起终点

📍 **第 1 段** 凤凰塔—凤凰古村—凤凰大道—凤凰人才林公园—凤凰山森林公园主入口

先贤开福地 英才汇成林

步道起始点凤凰塔位于凤凰大道边，离凤凰社区古建筑群不远。这里是原凤凰古村村口，以古塔为中心建有文塔公园，旁边是文天祥纪念馆。沿古塔背后的环村路直走，可以抵达凤凰古村的古建筑群。再沿着幽静的小巷可以一一寻访古井、古树、老书院和众多祠堂。

从凤凰社区出来，沿凤凰大道向东南方向行走约 1.5 千米，紧挨着凤凰山森林公园停车场，便是凤凰人才林公园。祈福步道环绕如意湖一周，在山光水色中一路蜿蜒，最后穿过停车场，抵达凤凰广场南侧的盘山公路（凤凰山绿道）登山入口。

🔍 边走边看

凤凰塔

凤凰塔

凤凰塔又叫文昌塔、文塔，位于今凤凰社区古建筑群西面路口，始建于清嘉庆二十一年（1816 年），高约 20 米，为六角六层砖木结构楼阁式风水塔。塔身由青砖砌造，塔内每层有木作楼板，是深圳塔阁建筑的代表作。

凤凰古村

凤凰古村原名岭下村，坐落于深圳市宝安区福永街道凤凰山脚下，是一座有着 700 多年历史的古村落，有广东省内分布最集中、保存完好、面积最大的广府民居建筑群。这里也是文天祥族人后裔、文氏宗族的祖居地。村内有保存完好的明清民居、私塾书室及古井、古树。

文氏宗祠

文氏宗祠为三开间三进深布局，占地面积415平方米，砖木结构，砖墙下部用红条石垒砌，木梁上有雕饰，檐板有花卉、人物、瑞兽图案，廊梁架的结点上有雕有动物、人物、花草的枓墩、斗拱和圆斗状瓜柱，整体风格简洁典雅，于2003年被宝安区人民政府列为区级文物保护单位。

文氏宗祠

凤凰山人才林公园

凤凰山人才林公园位于凤凰山麓，东靠凤凰山，西邻福凤路，占地25.4万平方米，是集自然保护、生态观光、休闲娱乐、文化体验于一体的综合性生态湿地公园。公园主体由"一环两心"组成，"一环"指环湖休闲绿道，"两心"则指公园的两个中心区域"如意湖"和"凤栖谷"。

凤凰山人才林公园

◎ **第 2 段**　凤岩古庙—飞云顶

祈福凤岩庙　登高望烟楼

凤凰山的沿溪步道

　　步道第二段主要是爬山路。抵达半山的凤岩古庙有多条路径选择：从山脚直接向上攀登的原步福古道是较长的台阶路，每一阶刻着一个"福"字；沿溪步道是一段清凉的溪谷步道，溯着林中溪流逐渐爬升；而新规划的步福古道则沿着盘山公路（凤凰山绿道）经凤凰书院抵达凤岩古庙，不喜欢爬台阶的人走这条步道最为平缓。

　　凤岩古庙周边是一个景观群，有文天祥纪念馆、祈福长廊、仙洞等一众景点。这里也是信众游客敬香祈福的地方，长年香火缭绕，人气鼎盛，周围建有素食馆等配套设施。凤岩古庙两侧都有登山道直达飞云顶，这里巨石堆叠，风光险峻，是深圳远足径鲲鹏径的起点，也是一个山脊观景平台。从飞云顶沿着山脊线一路向南，爬过一串上上下下的台阶，便抵达凤凰山最高点，著名的望烟楼就矗立在这里。

边走边看

凤岩古庙

凤岩古庙位于凤凰山半山腰，始建于宋末元初，迄今已有700多年历史。据清同治十三年（1874年）《凤凰岩古庙重修序》记载：原凤凰岩观音庙为元初时，文应麟为纪念文天祥所建。古庙殿宇庄严，香火不绝，是远近闻名的祈福圣地。现庙内建有文天祥纪念馆和应麟亭，以纪念文氏先贤。

凤岩古庙

许愿长廊

凤凰山多有巨石甬道的台阶路

📍 第3段 望烟楼—凤凰人才林公园西门

漫步林荫路 风伴彩蝶舞

步福古道从望烟楼西北方向下山，先是一段连续的石阶登山道，然后再次接上盘山公路。盘山公路又叫凤凰山绿道，山上行车稀少，两侧山林茂密，一路浓荫铺地，山风习习。绿道右侧是沿溪步道的上半道，可以听到潺潺流水声，若有兴致，也可以绕到溪边走一段富有雨林风貌的溪畔小路。绿道后半段有连续的"之"字形拐弯，常有骑友在这里体验山路骑行的乐趣。沿着绿道继续下行便是终点凤凰山公园的西门了。

林荫浓密的凤凰山绿道

🔍 边走边看

望烟楼

望烟楼为文天祥侄孙文应麟于元代大德年间所建，位于凤凰山顶峰。据《宝安县志》记载：文应麟为人乐善好施，逢灾年他便爬上凤凰山顶峰，瞭望山脚村落，若有人家断炊，便派族人送粮到户。为了瞭望方便，他在大茅山巅修建了望烟楼。清代以后，楼体坍毁，现在的望烟楼为现代复建。

望烟楼

🌼 博物赏识

　　凤凰山山水灵秀，养育了多种多样的动植物。在步福古道上行走，四季都有不同的景色，还能邂逅不同的可爱生灵。

大花紫薇

　　大花紫薇是千屈菜科紫薇属乔木。夏天开花，花朵是艳丽的粉紫色，花落后会结出一簇簇球形蒴果。大花紫薇原产于亚洲南部地区，喜欢阳光充足和温暖湿润的环境，在深圳的公园、绿化带很常见，人才林公园的湖边就可以看到大花紫薇盛开的风景。

水鬼蕉

　　水鬼蕉，也有人叫它蜘蛛兰，原产于美洲热带地区，是石蒜科水鬼蕉属多年生草本植物。其叶片翠绿，花朵洁白，喜欢潮湿环境，花期在夏末秋初。水鬼蕉的花被裂为长长的线形，看起来非常别致，凤凰山沿溪步道旁可以看到它的身影。

水鬼蕉

玉斑凤蝶

　　玉斑凤蝶是凤蝶科凤蝶属美凤蝶亚属大型蝶类，雌雄同形。它的后翅正面有 3 个并列的白斑，后翅反面有 1 列醒目的新月形红斑，飞起来灵动潇洒，喜欢在路边的马缨丹、臭牡丹和柑橘类植物的花间流连。

龙船花与玉斑凤蝶

☕ 周边游玩

在凤凰山的山脚下坐落着一座安静的庙宇——龙王古庙，一龙一凤，和山上的凤岩古庙遥相呼应。每逢农历初一、十五，以及每年的农历二月初二"龙抬头"这一天，附近的人们都会前来祈福上香。2024 年"龙抬头"当天，龙王古庙还举办了首届民俗文化节活动。

⚖ 步道故事

凤凰古村与文氏家族

深圳繁华的高楼大厦之间，保存着许多聚族而居的古村，其中不少为客家老村。在风光秀丽的凤凰山下，则坐落着一座保存较好、古建筑集中、面积较大的典型广府民居村落，这就是凤凰古村。

凤凰古村原名岭下村，依山面海，钟灵毓秀，很早就有人类在此栖居。公元 1279 年，南宋名士文天祥战败被俘，被押解途中路过凤凰山畔的零丁洋（现称伶仃洋），写下了千古名句："人生自古谁无死，留取丹心照汗青。"其后，文天祥的侄孙文应麟于元大德年间携二子及部分族人迁至岭下避难，在此开村立业，肇启礼仪文风，凤凰古村随之兴盛。

凤凰古村的建筑和布局有着鲜明的广府风格。青石小巷穿村过户，巷道高宽比多在 1.5 ∶ 1—2 ∶ 1，使多数巷道全天处于建筑阴影之中，形成主导风向的"冷巷"。民居呈梳式布局，鳞次栉比，整齐划一。

因为村中 90% 以上为文姓，所以文氏家风得以接续传承。现在凤凰社区还保存有 15 个古书室，包括茅山公家塾、顾三书室、巽岭公家塾、拔茹书室、伯元公家塾、麟圃书室等。而在清代鼎盛时期，书室数量多达 21 个。村口矗立着文昌塔，内供文曲星，这些都是文氏家族崇文重教、诗礼传家的生动写照。

如今，文氏宗族在凤凰古村里修建了文天祥纪念馆。馆内详细介绍了文氏家族的历史，以及文天祥精忠报国的事迹。馆里还列有孝顺友爱、崇俭戒奢、勤业奉献等家规祖训。每年清明、重阳等传统节日，族人都会举行隆重的祭拜仪式，缅怀先辈的精神。

在宝安区福洲大道与政丰北路交会之处，环立新湖绿道如同一条翠绿的绸带，轻轻缠绕着立新湖。绿道沿途以宝安新十景之精华——立新湖——为背景，缀以简阅书吧的文气、月季园的花海及白石厦体育公园的活力，是一条适宜悠闲漫步、赏花观园、放松心灵、沉浸自然的优美湖滨之路。

环立新湖绿道

山色湖光共长天

⊙ 行走指南

　　环立新湖绿道是一条长约 8.1 千米的环湖步道，位于凤凰山脚下的立新湖公园。南侧与望牛亭为邻，西眺则可捕捉珠江口的壮阔。步道整体平缓，老少皆宜。漫步其中，既可探访林间栈道之幽，沉醉月季花海之美，也可在书吧享受阅读的乐趣，或是在白石厦体育公园里畅享运动的快感。

步道分类　城市风采

步道路线　福洲大道（立新湖公园南 3 门）—雨林迎宾—简阅书吧—白石厦体育公园—水岸花街—七彩花田—两岸文创梦想公园—立新北路（立新湖公园西 1 门）

路线长度　**8.1 千米**

徒步时间　**2 小时**

路线难度　★★☆☆☆

交通指引

福洲大道（立新湖公园南 3 门）
周边公交站：望牛亭公园站
周边地铁站：11 号线 /12 号线福永站 E 口
立新北路（立新湖公园西 1 门）
周边公交站：白石厦公交总站站、立新湖外国语学校站
周边地铁站：11 号线 /12 号线福永站 E 口

特别提示

1. 绿道开放时间为每日 5:30—22:30。
2. 整条路线中穿林栈道较多，沿途植被繁茂，最好穿着长袖长裤，并做好驱虫准备，防止被树枝划伤，或被蚊虫叮咬。
3. 绿道上有许多荔枝树，请勿随意采摘荔枝。

两岸文创梦想公园

林中栈道

立新北路（立新湖公园西 1 门）

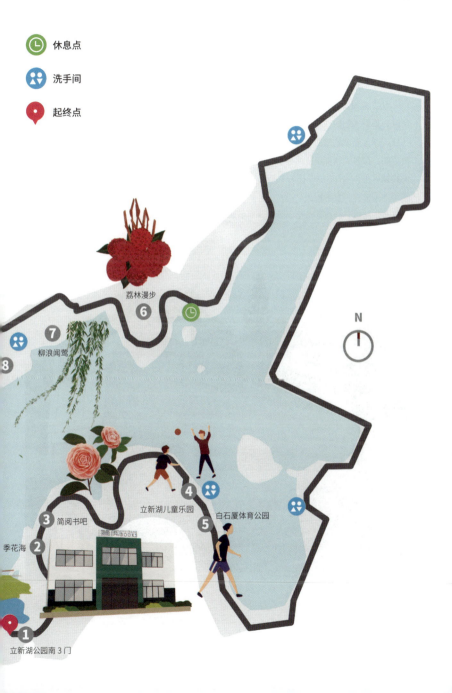

休息点

洗手间

起终点

荔林漫步

⑥

⑦ 柳浪闻莺

⑧

季花海

③ 简阅书吧

②

立新湖儿童乐园

④

⑤ 白石厦体育公园

① 立新湖公园南 3 门

N

环立新湖绿道

在碧水清风间快意行走

从立新湖公园南 3 门出发，向东便是宁静雅致的简阅书吧。继续往东，穿越一系列木制的栈道和观景台，每一步都充满探索的快乐。随后，景致一变，映入眼帘的是白石厦体育公园及其内部的立新湖儿童公园，这里绿树成荫，孩童的欢笑声此起彼伏。向西北方向行走，不久即达一处可凭栏远观湖光山色的休憩地，让人不由自主地停下脚步。沿着湖边继续向西走，眼前逐渐展开的是被誉为"小西湖"的立新湖风光，随后折向西南，穿过密林中的栈道，这是一段与自然亲密接触的旅程，直至到达立新湖公园的西 1 门。

立新湖公园一景

Q 边走边看

两岸文创梦想公园

两岸文创梦想公园

　　立新湖畔的两岸文创梦想公园，是一座值得探索的综合性文化创意产业园。欧式小镇风格的园区内，墙面遍布艺术涂鸦，随处都可作为拍照的背景墙。湖畔书院，即宝安图书馆立新湖自助分馆亦坐落在此。书院旁还有农场、餐厅、手作工坊可体验。

柳浪闻莺

　　这是一处以观柳枝、听鸟鸣为特色的临湖景区。春夏时节，立新湖面清澈广阔，湖光潋滟。沿湖设有观柳栈道、观景台及石凳，可以全方位感受湖畔的清雅。

白石厦体育公园（立新湖儿童公园）

　　环立新湖绿道延伸到白石厦体育公园，这里清新自然，充满运动朝气和自然意趣。旁边的立新湖儿童公园是宝安区首个去塑料化的儿童公园，建园材质为木头、石头、沙土等天然原料。大榕树下的树屋平台、组合攀爬架，以及沙水游戏池、鸟巢秋千等游戏空间，让小朋友的玩耍天性得到充分释放。

月季花园

月季花园占地 2000 平方米，培育了逾 1121.8 平方米的月季花海，超过 70 个品种、11467 株月季竞相绽放。花园巧妙地利用自然的地形起伏，与绿道和亲水栈道相结合，让游客可以远眺美丽的立新湖。

简阅书吧

简阅书吧前的广场与月季花园缔结了一处诗意的邻里。从这里望去，微风轻拂着湖水，波光粼粼，如同一幅生动的画卷。书吧内部巧妙划分了普通阅读区与儿童阅读区，融图书馆的宁静、书店的丰富与茶馆的闲适于一体。

简阅书吧

林中栈道

位于湖边的林中栈道，蜿蜒于密林与湖泊之间，与周边林木一起，构成了一个四通八达的自然迷宫。在这里，步道时而隐匿于葱郁的林木之中，时而伸向湖面，充满了探索的乐趣。

林中栈道

🌷 博物赏识

水竹芋

水竹芋也叫再力花，原产于美洲，株高 1—2 米，地下具根茎，是一种水生植物，适合于温带地区生长。水竹芋的叶为青绿色，叶缘紫色，卵形，似美人蕉叶，其花色为雅致的紫罗兰色，叶片大而翠绿，花序常高出叶面，高大美观，是水景绿化的主要植物之一，有"水上天堂鸟"的美称。深圳公园或滨水地带常成片种植，形成一道独特的水岸景观，具有净化水质的作用。

水竹芋

梅花

梅花在中国已有 3000 多年的栽培历史，其优美的姿态、销魂的幽香和临寒不惧的意志，深受历代文人赏识，成为古诗词中具有代表性的审美意象。立新湖畔迎风绽放的梅花，早早透露着人间春的气息。

梅花

☕ 周边游玩

环立新湖绿道的东南端是有着"宝安第一山"美誉的凤凰山森林公园，这是一座城市郊野型森林公园。登临高处，可远眺日落景色和宝安城市天际线，更有机会了解本土的客家风情和在地文化。

☖ 步道故事

山青永留福

环立新湖绿道依靠立新湖水库而建。这片静谧的水域建成于 1965 年 10 月，覆盖了 2.43 平方千米的集雨面积，总库容 808 万立方米。水库的心脏由一座主坝和放水涵闸组成，其中主坝高 14.2 米，横亘距离 506 米。虽然其集雨领域并不广阔，但蕴藏的水量却宛如中型水库般充沛。立新湖水库与七沥水库、屋山水库一起，共同织就了福永独有的"长藤结瓜"式供水网络，成为福永经济发展的不竭源泉。

沿绿道行进时，不时会发现"吉门纳福""福湾游廊""福堤花阶"等特色鲜明的景观，这和"福永"的来历不无关系。福永位于宝安区中西部，相传，这一地名的由来与其地貌变迁密切相关——靠近海滩的位置让滩涂年复一年地延伸成为肥沃的陆地，这块土地因其物产丰富吸引了来自东莞、番禺、中山、顺德等地的人们迁徙而居，共同营造了一个繁荣的社区。随着这个地方的逐渐兴盛，人们以"福永"命名，寓意希望这里的居民能享受到永恒的幸福与繁荣。步道上以景祈福的细节，体现了福永浓厚的福文化。

不仅是福文化，福永的舞龙狮文化也十分有名。清朝嘉庆年间，福永就有逢年过节划龙船、舞龙狮及唱大戏的风俗。每逢春节、元宵、端午、重阳等传统佳节，或是在迎亲嫁娶、企业开业等喜庆场合，舞龙狮总是不可或缺的庆典活动，为各种喜庆之事增添了无尽的欢乐祥和。福永现有 6 支舞狮队，福永的塘尾村还坐落着一座建于 1962 年的舞狮馆，1987 年在广东省首次举办的民间艺术"欢乐节"中，塘尾村的舞狮队以其卓越的表现荣获总分第一名。

宝安桃花源步道起于宝安公园西门，止于宝石路辅路，全长约 12.9 千米。步道经过宝安公园，这是深圳西部最大的市政公园，整个园区依山而建，风光秀美，是一个休闲的天然氧吧；还可打卡新晋小众"网红"尖岗山公园，脚踏千阶栈道"向云端"，俯瞰宝安城区鼎沸烟火、铁岗水库水光山色；更难得的是，在这里可以感受宝安创新桃花源氛围，领略深圳作为科技先行示范区的城市魅力。

宝安桃花源步道

『科创宝地』的诗意和激情

◎ 行走指南

宝安桃花源步道，是一条绵延约 12.9 千米的生态长廊，自东向西将宝安公园与尖岗山公园串联起来。行走于此，不仅可以深呼吸两大公园的自然气息，体验精心打造的步道，还可饱览铁岗水库的宁静之美，感受众多科技园区的创新氛围。步道在尖岗山公园路段较为陡峭，阶梯众多，建议年幼或年长的步行者谨慎考虑。

尖岗山公园栈道

步道分类　城市风采

步道路线　宝安公园西 2 门—宝安公园内部路—宝安公园东门—上川路—尖岗山
　　　　　公园内部路—宝石路辅路

路线长度　**12.9 千米**

徒步时间　**5—6 小时**

路线难度　★★☆☆☆

交通指引

宝安公园西 2 门

周边公交站：宝安公园西门站

周边地铁站：12 号线流塘站 A 口

宝石路辅路

周边公交站：海安苑站

周边地铁站：5 号线兴东站 C 口

特别提示

1. 宝安公园内有卫生间、直饮水、自助贩卖机，相对方便；尖岗山公园内无补给点，建议自备水和零食。

2. 尖岗山公园内部分路段较为陡峭，阶梯多，行走时须注意脚下安全。

山顶环廊

宝石路辅路

尖岗山公园内部路

宝安公园西 2 门

春蕾舞鹊

上川路

兰香幽谷

N

⊙ 第1段 宝安公园西 2 门—春蕾舞鸥—山海揽胜—曲水流觞—五彩飞翠宝—宝安公园东门

从宝安公园西 2 门向东出发，不久便可看到"童话草坪"春蕾舞鸥。再往东行，就是小朋友喜欢的贝儿健儿儿童乐园。之后向西返回西 2 门，重新向西出发，走上树林密布的爬山道，攀至山顶便可以俯瞰宝安城区，这里便是"山海揽胜"。接着，朝东北方向下山，途经"曲水流觞"，向东就能看到湖光潋滟的"五彩飞翠"了。

Q 边走边看

春蕾舞鸥

春蕾舞鸥景点位于宝安公园西 2 门的入口处，以山脚下大面积的草坪为主要景观。在园内主步道的两侧，是常年生机盎然的草坪。周围绿山环抱，空气中弥漫着清新的草木香气。这片大草坪也是宝安有名的帐篷区，每逢周末或节假日，不少游客来此露营、野餐、放风筝，沉醉于大自然的怀抱。

春蕾舞鸥

山海揽胜

　　登山之道时而平坦，时而略微陡峭，四周始终树木环绕，鸟语花香。山顶海拔125米，有个名为"山海揽胜"的观景广场，左边的亭廊，设有石桌石凳，可纳凉小憩；右边则是弧形的观景台"揽胜台"，视野开阔，可180度俯瞰城市景观，使人油然生出"登高方识远，天地纳于心"的感慨。

曲水流觞

　　曲水流觞，是园内楼台亭榭中，极为雅致的一处山水景观。茂密的竹林与花木间，掩映着梦境般的小桥和流水。进入此境，走上几级石阶，转上几个弯儿，便渐入清凉佳境，身心的疲乏也得到了大自然的疗愈。

五彩飞翠

　　"五彩飞翠"是宝安公园东门附近一幕惊艳的湖景。湖不大亦不深，清澈透明，反射着天空和四周的色彩。上空，是天幕蔚蓝如海；湖边，是树木郁郁葱葱，花朵围合如花团锦簇。从蔚蓝到苍翠，从浅黄到深紫，湖水呈现出令人惊叹的五彩斑斓。

宝安公园登山道

五彩飞翠

◎ **第 2 段** 尖岗山公园上川路门—望月栈道—山顶环廊—竞云栈道—尖岗山公园宝石路出口

从宝安公园东门出来，继续向东穿过一段马路，就进入了尖岗山公园上川路门。沿着竞云栈道一直向北，步入山顶的环廊，会遇见一座仙气飘飘的山顶古庙。之后向东下山，就来到此次步道的终点尖岗山公园宝石路出口。

🔍 边走边看

竞云栈道（望月栈道）

竞云栈道共有 1000 级阶梯，分为三段：一部分是主打自然体验的石质登山径，粗犷而古朴；一部分是悬空感十足的镂空钢制连廊；还有一段数百米长的红砖色步道，在连绵的青山衬托下，如红蟒般蜿蜒曲折，盘旋山间。

山顶古庙和山顶环廊

在尖岗山顶，有两座供奉"通天大王"和"流水大王"的庙宇。深灰的殿脊与斑驳的石墙，透出一股宁静而古老的韵味。庙顶盘踞着两条螭吻，屋檐有精细的雕花，大理石纹理的墙面庄重而精美。庙宇外围是一座古风盎然的环廊，其青瓦与红柱散发出一种典雅而独特的古典美。漫步于此，可以 360 度沉浸式体验"一览众山小"的绝佳意境。

山顶环廊

🌸 博物赏识

松鼠

　　松鼠，是啮齿目松鼠科松鼠属的哺乳动物。在桃花源步道上，一不小心便会与可爱的小松鼠不期而遇。它们就像是住在山林里的小精灵，不停地在树枝上来回跳跃。

松鼠

玉兰

　　每年 3 月上旬，宝安公园的玉兰如期绽放，园内的玉兰园是市民赏花的好去处。花朵繁密，花期也长，最佳赏花时间是 3—5 月。玉兰树形高大挺拔，花朵绽放时亭亭玉立，花叶舒展饱满，花姿美丽雍容，花香芬芳浓郁，可谓"皎皎玉兰花，不受缁尘垢"。

玉兰

桂花

　　步道沿途种植着许多桂花树，深绿的树叶上，点缀着朵朵小巧精致的桂花，那花朵仿佛是繁星点点，细微的清香让人沉醉其中。

桂花

☕ 周边游玩

　　步道的西北方向是宝安区规模最大的城市公园——平峦山公园，这里是深圳难得的城市绿肺，拥有 17 条蜿蜒的登山径。登顶便可俯瞰深圳最大的水库——铁岗水库。公园内，树木郁郁葱葱，绿荫蔽日，漫步其中，可以体验一段轻松舒适的徒步旅程。

⚓ 步道故事

用科创梦想，书写宝安"桃源乡"

如果说在陶渊明的笔下，桃花源是"人间仙境"，那么在宝安，桃花源便是名副其实的"科创宝地"。

桃花源科技创新生态园位于宝安区西乡街道，南临前海深港现代服务业合作区，地处广深港澳科技创新走廊的重要节点。园区坐拥铁岗水库、平峦山公园两大自然生态景观，配套超 40 万平方米生态绿地及公园，风景优美，草木茂密。

桃花源科技创新园始建于 1985 年，2006 年被评为国家级科技企业孵化器。作为宝安第一个国家级科技企业孵化基地，桃花源科技创新生态园在宝安科技创新与产业发展的进程中发挥了重要的引领作用。宝安对全区符合科技桃花源标准的园区，授予"科技桃花源"称号，如今，桃花源科技创新生态园已经成为宝安科技创新的招牌。

这个始于"内核"的桃花源，在"颜值"方面也展现出强劲实力。当夜幕低垂，桃花源科技创新生态园的楼体外围，LED 灯带熠熠生辉，犹如细腻的笔触，勾画出建筑的轮廓；B4 办公楼的侧面，则以色彩斑斓的灯条为媒介，将梵高名画《星空》巧妙投影其上；林荫小道间，光影投射出粉色的花瓣，精致的花箱座椅静候你每一次驻足……园区夜景，散发着独特的科技温度，吸引着周边居民流连忘返。

山水环绕、四季花开的环境，创客云集、创意迸发的科技氛围，让这条以"桃花源"命名的步道，成为科技、人文与自然共生的绝佳样板。

第七程

龙岗

青山意远 客家情长

甘坑客家古镇步道

悠悠古镇 客韵绵长

深圳是客家人的主要聚居地之一，客家古村落、古民居散布在城市的各个角落。甘坑古镇便是"深圳十大客家古村落"之一。这里既是颇受游客欢迎的旅游景区，也是深圳特色文化街区。甘坑客家古镇步道以古镇为中心，串联起周边的平湖生态园和雪竹径公园。一路穿过古香古色的建筑、书院，走进生机盎然的湿地、农场，品味客家文化，回归自然山水，体验田园生活。

◈ 行走指南

　　甘坑客家古镇步道全程 4.6 千米，根据路段特色，可大致分为四段，步道前段以甘坑古镇为主，街道平坦，行走轻松。后段延伸出三条分岔路：如果想回归自然田园，走出甘坑古镇北门，西北处便是甘坑·都市田园；沿着东北方向的甘坑河碧道一直前行，伴随着水流潺潺，可到达依山傍水、草木翁郁的平湖生态园；若想感受童真乐趣，可一直向西，抵达小凉帽农场和儿童友好型公园雪竹径公园。

步道分类　历史文化

步道路线

凉帽山公园北门—甘李路（凉帽村）—甘坑古镇南门—甘坑古镇主路—甘坑古镇北门—(分岔路) 西北方向：甘坑·都市田园 / 东北方向：甘坑河碧道—平湖生态园 / 西方向：小凉帽农场—雪竹径公园

路线长度 **4.6 千米**　　**徒步时间** **1.5 小时**　　**路线难度** ★☆☆☆☆

交通指引

甘坑古镇南门
周边地铁站：10 号线甘坑站 A 口
周边公交站：甘坑客家小镇站

平湖生态园
周边地铁站：10 号线华南城站 D 口

雪竹径公园
周边地铁站：10 号线雪象站 C 口

 休息点

 洗手间

 起终点

雪竹径公园

特别提示

1. 二十四史书院逢周一闭园，周二至周日日场时间为 10:30—21:00、夜场时间为 17:30—21:00。

2. 甘坑古镇全天开放，部分景点收费；甘坑博物馆逢周一闭馆。

N

黄花风铃木

平湖生态园
5

油菜花

4 甘坑河碧道

3

小凉帽农场

2

甘坑古镇南门

凉帽山公园北门
1

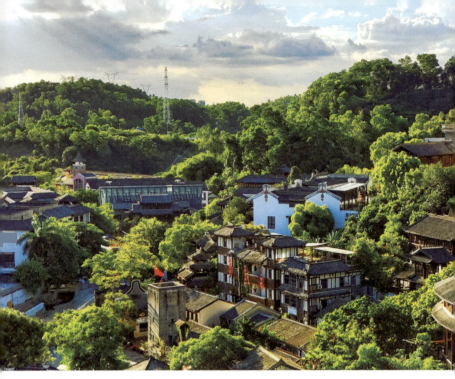

甘坑古镇

古镇悠悠岁月长

　　以规划建设中的凉帽山公园为起点，沿着甘李路直行，走过繁忙热闹的十字路口之后，就是步道的中心——甘坑古镇。行走在甘坑古镇的主路上，古朴的建筑与山水相融合，碉楼、古塔、斑驳的屋墙和茂盛的花树生长在一起，浓浓的客家风情扑面而来，你可以且行且赏，在岁月留下的一路印记中行至北门。

🔍 边走边看

状元府

　　清雍正年间，有一刘姓状元从江西迁居甘坑，并在此修建府邸居住。甘坑古镇内的状元府便是按其府邸原貌修复而成的。雕刻、壁画、木质结构都保留了原来的清代建筑风格，是古镇热门的打卡点。此外，南香楼、凤凰谷、古炮楼、甘味巷等，也都是古镇内人气极高的景点。

甘坑古镇

甘坑古镇坐落在龙岗区秀美的群山之中，至今已有 300 多年的历史。在甘坑古镇行走，可以沉浸式体验客家风情。碉楼、古塔、百年老屋，处处遗留着历史的痕迹。若是夜幕降临，古镇灯火璀璨，光影艺术与主街区、古建筑及自然景观融合，你只需随着灯光与人流，安享这一街一巷的烟火气。若是遇上甘坑花朝节，满街都是身着汉服或旗袍的游人，便形成了一道独特的文化景观。

甘坑古镇巷子集市

甘坑博物馆

甘坑博物馆是集客家历史、文化、艺术于一体的展示平台。这里收藏了丰富的客家文物，从古老的农具到精美的服饰，从传统的家居用品到独具特色的民间艺术品，每一件展品都述说着客家人的勤劳与智慧。这里也是甘坑古镇和凉帽村发展历史的浓缩，记录着这座客家古村落每一步的发展变迁。

甘坑博物馆展品

二十四史书院—甘坑·都市田园

徜徉在书香花海中

走出甘坑古镇北门，脚下的青石板道路一直延伸到甘坑河碧道，经过甘坑老围村社区公园，便来到了二十四史书院。这里亭台楼阁层层叠叠，仿佛穿越时空闯进文人墨客雅聚的厅堂。从二十四史书院出来继续向前走，便来到甘坑·都市田园。

◎ 边走边看

二十四史书院

二十四史书院是一个围绕"二十四史"国家级 IP 规划打造的书院，它藏于甘坑古镇边的绿水青山中，古朴的建筑呈现出东方古典园林之美。书院内有二十四史文献系列展览等观赏内容。

甘坑·都市田园

甘坑·都市田园中最受市民游客欢迎的是绽放花谷的大片花海，大片的醉蝶花、秋英花、向日葵和马鞭草在花期次第绽放，成为游客赏花拍照的胜地。

◎ **第 3 段** 甘坑河碧道—平湖生态园

鸟鸣山幽 逐"绿"而行

从甘坑古镇出来，往东北方向的路线是一条充满绿意的轻松漫游之路。沿着甘坑河碧道往前走，途经甘坑湿地公园，直达平湖生态园。生态园内有亲水漫步道、健身慢跑道、运动骑行道，你可以随心选择，随意放松。

Q 边走边看

甘坑河碧道

甘坑河碧道

甘坑河碧道起于深圳市环境科学研究院，止于甘坑水库，全长约 1 千米，碧道山环水绕，分外幽静。终点甘坑水库是一座小（1）型水库，周边绿地资源丰富，与苗坑水库一起构成了自然山水园区——平湖生态园。

平湖生态园

平湖生态园是一个以休闲健身为主的综合性公园，整个园区占地多达 3500 亩。这里山清水秀，花草繁茂，有秋月广场、芦花湿地、观景水塘、花海等众多景观点，四季风光旖旎，充满自然野趣。

📍 第 4 段 小凉帽农场—雪竹径公园

重回童年快乐时光

　　甘坑古镇内的小凉帽农场，是深受孩子们喜爱的乐园。走出古镇北门，沿着坂李大道直行，是小朋友们的另一座乐园——雪竹径公园，这里可野餐露营，可体验儿童游乐设施，让孩子们流连忘返。

小凉帽农场

🔍 边走边看

小凉帽农场

　　小凉帽农场是中国首家本土原创 IP 的生态农场。生动亲切的卡通雕塑，在门口便吸引孩子们的目光。在这里可以欣赏原生态田园风光，可以体验采摘、农耕等田园生活，还有彩绘草帽、活字印刷等有趣的文化项目，尤其适合亲子参与。

雪竹径公园

　　雪竹径公园环绕托坑水库而建，风光秀丽，小径众多。沿湖边行走，可以享受山光水色，湖心小山上的宿云塔是园内最高的建筑，视野极佳，可俯瞰园内风光。

🌸 博物赏识

鸡爪槭

　　一枚鸡爪槭有五片裂片，边缘呈锯齿状，组合在一起像一把小扇子，又和鸡爪形似而得名。鸡爪槭是一种抗寒性和抗旱性都很强的树木，在庭园中被广泛栽培，花期 5 月，果期 9—10 月，多生于阴坡湿润的山谷，叶色红艳，四季都可观赏。

鸡爪槭

山油柑

　　山油柑是芸香科山油柑属植物，灌木或乔木，树高 5—15 米，也叫降真香。花瓣黄白色，核果淡黄色。花期 4—8 月，果期 8—12 月，生长于海拔 50—700 米的沟谷旁或林中，其根、叶、果皆可供药用。

山油柑

醉蝶花

　　醉蝶花是白花菜科醉蝶花属草本植物。总状花序顶生，花瓣红、淡红或白色，因其花瓣为倒卵形，似蝴蝶，故叫"醉蝶花"。醉蝶花原产于热带美洲，在中国各地常见栽培。

百日菊

　　百日菊又称百日草、火毡花、鱼尾菊等，为菊科百日菊，属一年生草本植物，花期 6—9 月，果期 7—10 月。百日菊喜温暖、湿润、光照，耐高温，比较耐干旱，在湿热气候条件均能正常生长，对土壤要求不严。

百日菊

☕ 周边游玩

　　平湖生态园东门出口与 DCC 文化创意园相连，这里是一个集跨境电商、文化创意于一体的产业园区。附近的华南城是跨境电商眼中的明星商圈，有大量的商户聚集，是淘货的宝藏去处。

⚕ 步道故事

从扶贫点到龙岗"新十景"

　　"白墙黛瓦青石阶，水绿山翠相依偎。"在深圳想要寻一处依山傍水、古色古香的地方，甘坑古镇一定榜上有名。

　　甘坑因地势低洼、甘泉汇聚成坑而得名。据《新安县志》记载，明末新安县分为 3 乡 7 都 57 图 509 村，甘坑属其中的 7 都 116 村。10 多年前，这里还是个逢雨必涝的客家老屋村，也是深圳为数不多的扶贫点，长期不被关注。

　　转折发生在 2012 年。为了保留深圳客家文化，在龙岗区政府支持和引导下，由北京大学研究院承担总体规划并立项，决定在原古村的基础上将其开发建设成旅游景区。在 2016 年的深圳文博会上，龙岗区与华侨城集团签署合作协议，将甘坑古镇打造成集文化、生态、旅游、科技于一体的国家级特色小镇。仅仅一年后，甘坑古镇荣膺 2017 中国文化旅游融合先导区（基地）试点，这标志着古老的甘坑老村正式蝶变为国家级文旅特色小镇。

　　此后几年，甘坑古镇迅速发展，通过开发 IP 孵化策略，打造了一系列文化品牌，其中基于甘坑客家凉帽开发的"小凉帽"IP，已孵化出动画绘本、亲子农庄、文化活动等全套产品矩阵，成为甘坑古镇的代言人，吸引了越来越多的游客前来打卡，年均人流量达 300 万人次。如今，甘坑古镇已聚集了数百家文创品牌入驻，成功带动了传统文化创新发展。

鹤湖客家民俗步道位于龙岗区，南起被称为"客家第一围"的鹤湖新居（龙岗客家民俗博物馆），经龙园路，抵达迄今为止国内唯一一座以"龙文化"为主题的公园——龙园公园。在龙园公园内，经五龙亭、回龙桥、游龙驿等景点，止步于龙园公园北门，全长约2.6千米，是一条富含客家文化底蕴又不乏自然园林景观的"短而精"的历史文化步道。

鹤湖客家民俗步道

探寻血脉里的传统与文化

◁ 行走指南

鹤湖客家民俗步道由龙园路串联起了鹤湖新居（龙岗客家民俗博物馆）和龙园公园两个文化景点。不到 3 千米的长度，却连接着 200 多年的时光，从斑驳的过往一路走到鲜明的现在。

鹤湖新居是客家人罗氏一族在龙岗的聚居地，是其开拓深圳东部地区的历史见证。历史民俗爱好者可以走进博物馆，行走在灰砖青瓦的屋檐下，探访一间间老屋，感怀客家先人勤劳质朴、开拓奋斗的精神。

出鹤湖新居，西行至龙园路，再沿着龙园路向北走大约 10 分钟，就到了龙园公园。由公园南门而入，九龙广场、五龙亭、回龙桥、游龙驿等众多以"龙"命名的景点散落左右，龙岗河则在回龙桥下静静流淌。过了回龙桥，便到了步道终点——龙园北门。此外，也可不走回龙桥，而是从回龙桥旁向西行，经过游龙驿，到龙园西门结束。

◯ 边走边看

鹤湖新居（龙岗客家民俗博物馆）

鹤湖新居，又称龙岗客家民俗博物馆，于 1817 年建成，至今已有 200 多年的历史。鹤湖新居为罗氏家族聚居地，先后经过罗氏家族三代人扩建，目前占地面积约 25000 平方米，共 300 多间房屋，最多时有将近 1000 人在此居住。博物馆内陈展内容涉及龙岗客家的历史沿革、民间风物、风土人情等方面，被誉为"记载客家人发展史的活化石""客家建筑艺术的结晶"。

鹤湖新居

步道分类 历史文化

步道路线

鹤湖新居—龙园路—龙园南门—回龙桥—龙园内部路—龙园北门 / 西行：游龙驿—龙园西门

路线长度 **2.6 千米** **徒步时间** **约 1 小时** **路线难度** ★☆☆☆☆

交通指引

鹤湖新居

周边公交站：龙岗客家民俗博物馆站、海航城站

周边地铁站：3 号线南联站 C1 口

龙园公园

周边公交站：龙园公园站

周边地铁站：16 号线龙园站 B 口

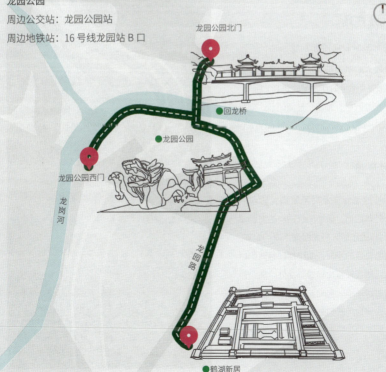

龙园公园

　　龙园公园始建于1992年，于1995年开园，园区横跨龙岗河两岸，环境清幽，是附近居民茶余饭后散步的首选地。龙园公园以龙元素为主题，东门入口处喷珠溅玉的石雕巨龙和泥金重彩的大牌楼，瞬间就夺去了人的视线，园内每一处园林、雕塑和建筑，或雍容典雅，或气势磅礴，或匠心独运，或奇思妙想，都反映了数千年的龙文化对世人的深远影响。

九龙广场

　　穿过气势恢宏的龙园南门，最先映入眼帘的是九龙广场。广场呈圆形，雄浑厚重的九龙壁透雕兀立眼前。九龙壁取材大青石，坐南朝北，刚好与公园南门相对而立，浑然一体。

游龙驿

　　游龙驿是龙岗河碧道龙园段内一处休憩地，借助传统园林的游廊设计，拉近了游人与龙岗河水岸的距离。清澈见底的河流，两岸郁郁葱葱的树木，随视线移步易景。此外，周边还设有咖啡店、书吧、卫生间等服务设施，满足场所的配套服务功能。

龙园公园

回龙桥

有言称"神龙有巢，傍河静卧"。回龙桥如同一条飞龙横卧在龙岗河上，它连接了龙岗河两岸，飞檐翘角，彩梁画栋，是一座颇具特色的风雨廊桥，因古有"山为龙山，桥为艮象，住则龙回"之说而得名回龙桥。

回龙桥

☕ **周边游玩**

罗瑞合客家民俗一条街紧挨着鹤湖新居，是龙岗有名的美食一条街；在龙园公园走到步道终点，可继续探索龙岗河干流碧道示范段，感受步道亲水文化的魅力。

⚜ **步道故事**

鹤湖新居与罗氏家族

明清时期，南迁的客家人在现在的深圳地区先后建造了大大小小的围屋，其中位于龙岗的鹤湖新居是现今保存最完整也是最大的围屋之一，它由罗氏家族历经三代人 50 多年的努力而建成。因原址地处鹤湖山，取名鹤湖新居。鹤湖新居内围建成时间是清嘉庆二十二年（1817 年），外围建成时间是清道光九年（1829 年）。数百年来，这方幽静的天地世代栖居着罗氏族人。

据记载，罗氏祖先从中原一路南下，经江西再到粤东，不断南迁。在清代乾隆年间，鹤湖罗氏的开基祖罗瑞凤从兴宁迁至龙岗一带，秉承"公平交易、童叟无欺"的原则，以经商谋生。几十年后，罗瑞凤的两个儿子成了他的得力帮手，罗氏父子以"瑞合"为商号，开酿酒作坊、糖寮、榨油坊等，经过三代人的努力，罗氏家族完成了资本积累，发展成为当地望族，被称为"龙岗罗""鹤湖罗氏"，如今的罗瑞合村也是因罗氏家族和其创办的商号得名。

鹤湖罗氏从初到龙岗至今，已有 200 多年的历史，罗氏族人崇文重教，在历史上，从鹤湖新居走出了不少英杰才俊。在相对和平的年代，罗氏家族陆续培养出 20 多名士大夫，清道光年间御赐的匾额"大夫第"，至今仍悬挂在新居祠堂正门上。在时代变革的浪潮中，鹤湖罗氏借助自身家族的影响，以罗秋航为首的罗氏子弟积极投身于革命运动，之后又审时度势，联合周边几大家族，创办联合制公司，为地方经济发展做出了积极贡献。

如今，罗氏族人相继走出围屋，子孙遍布海内外，但鹤湖新居却始终是他们问祖寻根的原点，更是他们的精神栖息地。鹤湖罗氏是龙岗客家乃至南粤客家成功创业的典型，其家族发展历程、传统观念、创业经历等，对深入研究客家文化有着重要的价值。

低碳城步道

漫步丁山河畔 感受绿色生活

低碳城步道以国际低碳城会展中心为起点，伴着鸟啼和蛙鸣的交响，沿丁山河碧道漫步而行，经环坪路人行道，抵达零碳公园。步道整体上体现了低碳、低介入、低冲击的设计理念，沿途栖息着种类丰富的野生动植物，分布着多样化的亲水空间，自然野趣、人文活力、生态关怀在这里实现了有机融合，是周边社区居民散步慢跑、野餐露营、亲近自然的水岸生活场所。

深圳国际低碳城蝴蝶湖畔

◁ 行走指南

　　低碳城步道从国际低碳城会展中心起步，这里是低碳城的核心区域，丁山河从一旁静静流过，隔着梭鱼草围绕的蝴蝶湖，可以看见对面的未来大厦，环湖的路边布置着各种低碳科普与游戏装置。沿着绿荫匝地的丁山河碧道往西北走，便进入低碳城滨水公园，沿岸水草茂密，浅水中可见悠闲的游鱼，路边是各种有趣的小动物雕塑和科普牌子。有汀步跨河而过，连接起丁山河两岸的风景。

　　行至丁山河碧道与环坪路交会处，继续北走可接上远足径支线翠微径低碳城段；往西顺着环坪路人行道漫走，不用走多远便抵达零碳公园。

步道分类　城市风采

步道路线　国际低碳城会展中心—低碳城滨水公园（丁山河碧道）—（分岔路）西行：
环坪路—零碳公园园路—零碳公园南门 / 北行：低碳城远足径

路线长度　**5.8 千米**　　**徒步时间**　**约 2 小时**　　**路线难度**　★☆☆☆☆

交通指引

国际低碳城会展中心

周边公交站：坪地同兴厂站

零碳公园

周边公交站：香园路口站

周边地铁站：3 号线 /16 号线双龙站 A 口，可换乘公交至香园路口站下车

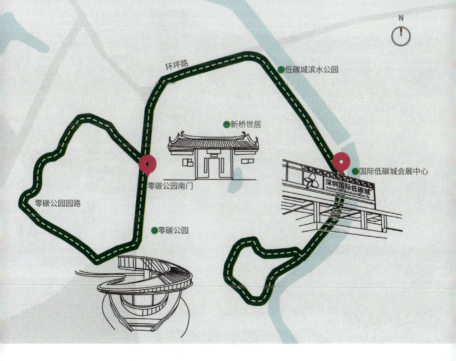

边走边看

国际低碳城会展中心

　　深圳国际低碳城是国家八大低碳城试点城市项目之一。国际低碳城会展中心毗邻丁山河生态河岸，由 3 栋多层建筑及其连廊组成，包括低碳城展厅（A 馆）、低碳国际会议馆（B 馆）、低碳建筑技术交易馆（C 馆），是一座具有会议、展览、办公等多功能的综合性会展建筑。

深圳国际低碳城 1 号馆（气膜馆）

　　深圳国际低碳城 1 号馆（气膜馆），是当前世界最大充气膜公共建筑。气膜馆面积 1.6 万平方米，直径 143 米，高 38 米（墙体 3 米），外观看起来像一颗珍珠，主要用于大型展览、展示活动的举办。

未来大厦

　　未来大厦是全国首个走出实验室规模化应用全直流的建筑，也是深圳近零碳实践案例的典型代表，包括办公、实验室、专家公寓等多个功能场所。在国际低碳城内，未来大厦独特的造型在一众建筑中尤为瞩目，远远望去，犹如四个正方形盒子堆砌而成，总体呈不规则的建筑外观，科技感十足。

低碳城滨水公园

　　低碳城滨水公园是集生活休闲、生态观景、海绵科普于一体的约 1 千米活力滨水景观带，总用地面积约 89000 平方米。园内建设了缤纷广场、草阶剧场、绮丽花田、浓秋杉林、野趣跌水以及景观桥。两畔碧道由景观桥与水上汀步连接，游人可往返于丁山河两岸。

滨水公园一角

新桥世居

　　新桥世居，又称新桥围，是位于深圳国际低碳城高桥村北侧的客家围村。建于清代，曾被评为"深圳十大客家古村落"之一，为萧氏家族的祖屋。新桥世居所在的高桥村主要姓氏为萧，宋末从福建宁化迁移至梅州梅县松源，明代由梅州迁往深圳龙岗坪地。

新桥世居

零碳公园

零碳公园占地约 18.5 万平方米，是深圳首个零碳科普主题公园，公园内设有赤脚乐园、亲水溪流段、生态广场展示区等科普区域，通过"水风之谷、光电之丘、土石之丘、林木之丘"四大板块并经由主园路串联起零碳科普路径。园内的零碳生活馆已对外开放，生活馆共有四层，可在此看展、品茗、阅读。

零碳生活馆

零碳公园森林课堂

🌼 博物赏识

八哥

栗背短脚鹎

珠颈斑鸠

叉尾太阳鸟

龙船花

　　龙船花是茜草科龙船花属灌木，又称仙丹花、百日红、英丹，花期5—7月，花色鲜艳热烈。龙船花是一种耐热又耐晒的植物，不惧酷暑阳光，在夏天可以承受高温，进入盛放期。

梭鱼草

　　梭鱼草为多年生挺水草本植物，喜温湿暖阳，耐热且耐瘠。梭鱼草花为蓝紫色，精致的穗状花序被直立的花葶和心形的绿叶托起，如同一束束蓝色的火焰，作为栽培观赏植物，它常与其他水生植物如花叶芦竹、水葱、香蒲等配植。

栗背短脚鹎

　　栗背短脚鹎是雀形目鹎科的鸟类，属留鸟。它的上体是栗褐色，翅和尾是暗褐色，具白色或灰白色羽缘，看起来就像一个毛栗子。常成对或成群活动在乔木树冠层，以植物的果实为生，也吃一些小型昆虫。

龙船花

梭鱼草

🍵 周边游玩

　　零碳公园是翠微径的途经点之一。翠微径是深圳远足径的东北支线，长46千米，串联起了龙岗与坪山的山水资源，适合资深徒步者挑战。如果体力充沛的话，不妨步入苍茫翠脊，体验郊野远足，探寻更多山林野趣。

⚓ 步道故事

深圳的低碳之路

深圳是我国首批低碳试点城市之一，也是碳排放强度最低的城市，碳排放强度仅为全国平均水平的五分之一。而位于龙岗的国际低碳城，则是深圳绿色低碳发展的一个缩影。

2011 年 8 月，第 26 届世界大学生运动会在龙岗落幕，龙岗借此迎来了建设深圳国际低碳城的机遇。历时 6 个月，深圳国际低碳城会展中心完成建设，并于 2013 年举办首届深圳国际低碳城论坛。此后，国际低碳城论坛在此连续举办 10 届，来自不同国家、地区的专家学者在此交流低碳议题，国际低碳城逐渐成为新兴的绿色低碳发展实验区。2022 年，国际低碳城获得生态环境部授予的"绿水青山就是金山银山"实践创新基地称号。

作为国家可持续发展议程创新示范区、生态文明建设示范市、碳达峰试点城市以及能耗双控转向碳排放双控试点城市，深圳以更少的能源消耗和更低的污染排放，走出一条更高质量、更可持续的绿色发展新路径。截至 2023 年，深圳已成为全国绿色建筑建设规模、密度最大和获绿色建筑评价标识项目、绿色建筑创新奖数量最多的城市之一。

漫步低碳步道，摇曳的草木，流动的河水，充满朝气的人群，以及无处不在的低碳教育，让你生动感知深圳低碳理念的实践与成果。

第八程

龙华

天赋雅韵 翠色绕城

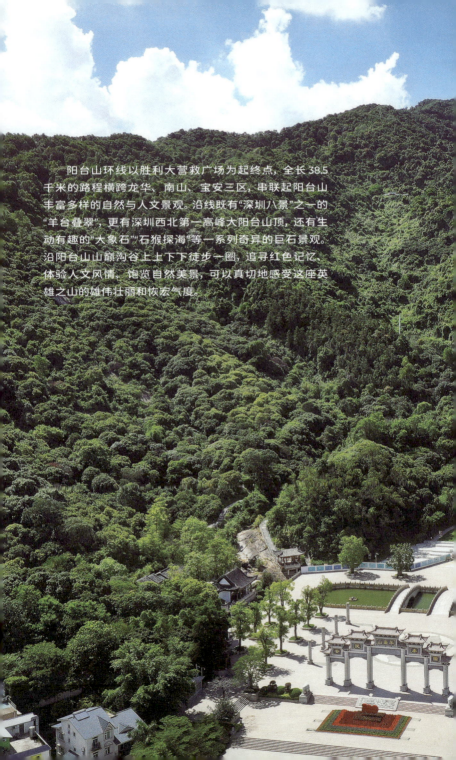

　　阳台山环线以胜利大营救广场为起终点，全长38.5千米的路程横跨龙华、南山、宝安三区，串联起阳台山丰富多样的自然与人文景观。沿线既有"深圳八景"之一的"羊台叠翠"，更有深圳西北第一高峰大阳台山顶，还有生动有趣的"大象石""石猴探海"等一系列奇异的巨石景观。沿阳台山山巅沟谷上上下下徒步一圈，追寻红色记忆、体验人文风情、饱览自然美景，可以真切地感受这座英雄之山的雄伟壮丽和恢宏气度。

阳台山环线

踏遍绿色山野 致敬红色岁月

 行走指南

　　全长 38.5 千米的阳台山环线，从胜利大营救广场出发，环绕主峰大阳台山顶，跨过龙华、南山、宝安三区，将周边密集的山峰、溪谷、密林、驿站、公园、观景台串联在一起，组成了一条形态多样、景观多变，集阳台山自然生态与历史民俗于一大观的郊野远足步道。其中既有建设成熟、行走方便的登山道，也有深林幽谷行迹较少的山野小道。鉴于步道全程较长，根据出入口的抵达便利性和休整补给条件，可分为四段行走，每段长度在 8—12 千米，一天可以轻松走完。

步道分类　郊野远足

步道路线　胜利大营救广场—小阳台溪涧探秘区—大围肚森林康养区—部九窝片区—西丽森林康养区—林下经济观光区—大阳台登高揽胜区—胜利大营救广场

交通指引

胜利大营救广场

周边公交站：下横朗村站

周边地铁站：6 号线阳台山东站 A 口

王京坑工业区

周边公交站：王京坑站

应人石社区公园

周边公交站：应人石新村站

石岩广场登山口

周边公交站：龙腾路场站

周边地铁站：6 号线上屋站 C2 口

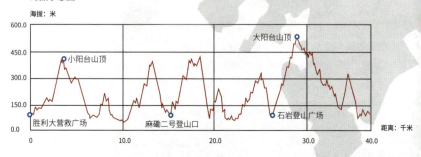

路线长度　**38.5 千米**

徒步时间　**大于 1 天**（可分2—3天进行徒步）

路线难度　★★★★☆

N

白云山新村出入口

12

胜利大营救广场 **1**

揽胜台 **2**

羊台叠翠 **3**

大阳台山顶 **10**　　**11** 莺歌山

陽臺山

6 大象石

云溪谷 **4**

7 麻磡二号登山口

5
王京坑登山口

🕒 **休息点**

👥 **洗手间**

📍 **起终点**

赖屋山水库

◎ **第 1 段** 胜利大营救广场—揽胜台—小阳台山顶—云溪谷—
王京坑工业区出入口

随溪流萦回 看阳台叠翠

　　从胜利大营救广场至王京坑工业区出入口，行程大约 11 千米。全程经过登山道、
手作步道、环城绿道、山野土路、山林巡逻道、果园小路，从溪谷到山巅，从密林
到草地，一路路况多变，风光优美，充满生机勃勃的自然野趣。

　　从阳台山东地铁站出来，沿布龙路往西北方向行走，便能抵达阳台山环线的起
终点——胜利大营救广场。这里设施完善，可以在上山前做充分的补给与准备。从
广场一侧沿绿道上山，路边会遇见阳台山环线 0 号标距柱，前行不远便是赖屋山水库，
登山口就在大坝左侧。

　　从赖屋山水库到揽胜台之间，是山脚到山腰的平缓上升路段。有成熟的台阶路
可走，阳台山环线则选择右侧的手作步道，从山坡林荫间穿过，这里背阴清凉，行

走舒适，不久便与台阶路会合，并与环山伸展的绿道交会。

经绿道向揽胜台方向行走，过揽胜台后绿道右侧有一条通往小阳台山顶的郊野径，入口不是非常明显，此段为持续攀升的土路，沿途植被茂密，物种多样，有溪流淙淙穿过，充满山野的生气。接下来是一段较陡的攀爬，过了 06 号标距柱，便接近小阳台山顶，这里设有可供休息的亭子和卫生间，可以从容领略"羊台叠翠"巨石嵯峨的独特风光。

从小阳台山顶至云溪谷，是一段轻松的下山路段。沿台阶路下行，过 08 号标距柱后，便进入林中土路。两边有高大的树木遮挡，一路杂花生树，鸟鸣蝶飞，时有山风拂过脸颊，令人心旷神怡。下至山脚，有溪水一路潺潺相伴，直抵云溪谷。这里是一处湿地型休憩驿站，四周花草茂盛，水流淙淙，龙华环城绿道在此再次与环线交叉。

稍作休整后，按路边标距柱方向沿环城绿道步行十几分钟，会看到阳台山环线入口的标识牌，旁边是个不太显眼的登山口，由此向西南还要翻越一座山头，再往下便进入南山区的荔枝林。在这里会与鲲鹏径第五段相遇。继续前行，出荔枝林，经过一个钓鱼场，便到达王京坑工业区出入口了。

🔍 边走边看

胜利大营救广场

胜利大营救广场位于龙华区大浪街道阳台山森林公园入口，是阳台山环线的起终点。广场内最引人注目的便是"胜利大营救"主题雕塑，雕塑修建于 2012 年，以黑白为主色，由 45 本"书"组成，高约 20 米，是为纪念抗日战争时期的中国文化名人大营救事件而建，雕塑上的"书"有文化名人、持枪战士，分别代表着"笔杆子"和"枪杆子"，看上去如"V"字形结构的主雕则象征当年胜利大营救的水陆两条路线。

胜利大营救广场

羊台叠翠

羊台叠翠

　　深圳八景之一的"羊台叠翠"，位于小阳台山顶。山顶有数块大小形态各异的花岗岩石蛋，犹如七星伴月状，因此又名"七星伴月"。其中一块篆刻有"羊台叠翠"四字，由邹韬奋之子邹家华所题。

云溪谷

　　云溪谷位于高峰水库边，龙华环城绿道旁，是阳台山森林公园内一处景观驿站。驿站利用原有的丛林、溪流，营造出具有热带雨林特色的生态景观，可提供休闲避雨、问询售卖、自然科普等服务。

云溪谷旁的小溪流

揽胜台

　　揽胜台是阳台山森林公园的一处网红景点。它是一座玻璃悬空观景台，位于大浪片区环城绿道边。站在透明的景观台上，脚下群山叠翠，远处是龙华片区的城市建筑群，视野非常开阔。

揽胜台

🎯 第2段 王京坑工业区—大象石—麻磡村二号登山口—应人石公园

三上山脊线 三入林溪谷

从南山的王京坑出入口到宝安的应人石公园是一段爬上爬下、大起大落的辛苦路程。全线都是穿越山脊或山谷的野路，有些段落密林遮蔽、荒草丛生，有些则居高临下、奇石遍布，行走起来既有体能耐力的挑战，也有攀山越水的乐趣。

王京坑到大象石是一段通往大、小阳台的爬山路，行走的人较多，此段与鲲鹏径第四段逆向重合。从工业区背后的小路上山，起初是一段田园小道，穿过山脚茂密的灌丛和荔枝林，会见到一个小水塘，由此开始正式爬山。一路路面粗糙，巨岩当道，好在有高大的树林遮挡阳光。途中会遇到著名的大象石，从高处回首看，象头象鼻完整清晰，惟妙惟肖。经过 Y YT27 号标距柱后，按照指示牌上"长坑仔登山口"方向左拐下山，直下到麻磡村二号登山口，完成第一次"升降"。

从麻磡村二号登山口到接近风门坳，是又一条通往大阳台的山脊线。阳台山环线与鲲鹏径第四段再次重合。这段路更加原始，砂石坡面被雨水冲刷出道道沟坎，路上布满巨大的岩石堆，顽强的木荷老根裸露，好在有手作步道的拉绳、土坎和原木台阶减低了攀爬难度。经过 Y YT36 号标距柱后，抵达一个山脊平台，视野豁然开阔，可以清晰看到脚下的西丽湖和远处的塘朗山。

在南山 / 宝安 25 号界碑附近，过阳台

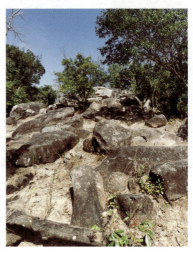

林立的石头

山环线 Y YT38 号标距柱，再次左转下山，这段路线基本上是沿着宝安 / 南山分界线行走。穿过荒草茂密的山野小道和半山的荔枝林，跨过谷底涓涓小溪，抵达阳台山环线与阳台山郊野径奇星线 / 水库线交会处，完成第二次"升降"。

继续向西行走，还需要爬上一个山丘，土坡海拔不高，但部分路段攀爬角度比较大，需要借助拉绳。到坡顶会看到南山 / 宝安 22 号界碑，附近有阳台山环线 Y YT43 号标距柱，此时选择应人石新村方向下行，穿过半山杂木和荔枝林，沿着树林间羊肠小道蜿蜒向下，便抵达应人石公园出入口。

○ 边走边看

大象石

阳台山上有很多形状奇特的巨石景观，其中鲲鹏径第四段和阳台山环线都经过的大象石，因其形状酷似一头大象，且象头象尾清晰可见、外形惟妙惟肖而成为知名景点。

大象石

应人石公园

应人石公园位于宝安区石岩街道应人石新村的阳台山脚下，原为一片荒草垃圾废地，经过改造现已成为一个5.1万平方米的生态休闲公园。公园新建有生态停车场、景观桥、2个标准篮球场、2.1千米的休闲步道，依山傍水，环境优美，是周边居民漫步健身的绿色休闲空间，也是出入阳台山的地标之一。

◎ **第3段** 应人石公园—石岩登山广场

林暗掩踪径 花明见天青

位于阳台山西麓的应人石公园是环线的绝佳休憩点，因毗邻应人石新村，村中有超市和餐饮店，可在此休息，补充能量。从应人石公园到石岩登山广场路程大约3.5千米，要翻过一座海拔380米左右的山坡，整体难度不大。

从公园出发顺着园路绕山脚向北环行，经应人石河碧道转入应人石路，穿过村落行走约300米，看到阳台山环线入口，从此开始重遁山林。

山脚处是重重荔枝林，低矮茂密，从其间穿过，不时见巨石散落路边。走出荔枝林继续上行，树木变得高大疏朗，树根裸露形成了天然的阶梯，林中常有小青蛙跳跃。行到高处，可透过茂密的树林向远处眺望，一侧是素有"凤山福水福盈地"美誉的凤凰山，另一侧是广阔的珠江口海面与深中通道。

再次见到道路指示牌，便是道路岔路口需要转向了。下山的拐弯容易错过，要沿着林间有长长绳索的路段下行。下山路陡峭且路面狭窄，大多设置了拉绳辅助。此路段路面碎石和细沙多，容易滑倒，要谨慎行走。

顺着山野小径笔直而下，从石岩登山广场的书吧后穿出，便到了石岩登山口。这里是阳台山三大登山口之一，设施完善，可以稍事休息，根据体力情况选择继续行走或中止行程。

陡峭路段设置拉绳辅助攀爬

◯ 边走边看

应人石

应人石屹立在阳台山南面的山岗上。传说很久以前，阳台山下住着一对恩爱夫妻。丈夫为了生活，冒险去毒蛇猛兽出没的深山老林采药。妻子按约定每天下午在山下呼喊丈夫的名字。某日，丈夫一去不回。妻子冒着危险爬上阳台山寻找，却发现每天回应她的是一块大石头。妻子伤心欲绝，化作一尊石头，与应人石遥遥相对。至今这两尊石头仍栉风沐雨相望厮守。2013 年，应人石传说被广东省人民政府列入广东省第五批省级非物质文化遗产名录。

石岩登山广场

石岩登山广场位于阳台山森林公园大阳台片区，依山而建。由仿古牌坊、前广场、莲花广场、莲花池、生态园及广场两侧的苏派建筑和游廊、登山爬山廊组成。东侧照壁有石刻《石岩赋》，介绍阳台山的人文、地理、历史；西侧照壁刻有《阳台山登山广场记》，记载了广场的建设历程。

石岩登山广场

从大阳台山顶俯瞰西丽水库与南山城区

◎ **第 4 段** 石岩登山广场—胜利大营救广场

登西部之巅 瞰风光无限

在石岩登山广场调整休息后，迎来阳台山环线最具挑战性的路段：在 3 千米内直达深圳西部的最高峰——海拔 587 米的大阳台。从广场左侧的登山口上山，眼前是一眼望不尽的台阶。所幸一路山林蔽日，走起来阴凉舒适。临近大阳台处设有洗手间与自动售水机，这是最后一次补充饮用水的机会，此后至终点没有补给设施。

一口气爬完长长的台阶路，终于登顶大阳台。广阔的山海大观从眼前铺开：群山苍翠，天高云低，山脚的西丽水库、铁岗水库水平如镜，远处的深圳湾大桥和深中通道如银龙静卧海中，山海之间是繁华的南山、宝安城区。

翻过大阳台山顶，是 5 千米的下山路，坡度较前段的登山路缓和。先是约 1.6 千米的台阶路，台阶路旁也有一条细细的土路可走。至南山、宝安、龙华三区 0 号界碑，有一个三岔路口，选择东北向的台阶路继续下行，不远处还有一处洗手间可供小憩。走过一个较大的水泥平台，后面基本为土路。翻过三四个小山坡走向山脚，可以看到山中巨大隧道，有高铁不时穿山而过，风驰电掣，甚是壮观。再走不远，会遇见阳台山环线标识牌立于登山出入口，如果体力不支或是天色已晚，可从此处下撤至

龙华的白云山新村。再下行至谷底，会遇到山间溪涧。跨过小溪后，还有一大一小两个山包，海拔分别为300多米和100多米。一鼓作气爬上爬下，至山窝处遇一农家小院，从其后绕过继续向山而行。再次遇到指示牌时，选择往"雕塑广场"方向行走。

穿出野径，会与通往胜利大营救广场的龙华绿道相遇。环线选择绿道另一侧的土路入口。此段为手作步道，立有介绍步道工法的科普牌，还有阳台山环线最后一个标距柱ＹＹＴ76。再下行一小段石阶路，眼前便是赖屋山水库，走过大坝，便与起点相会。再看胜利大营救主题雕塑时，巨大的"Ｖ"字令人欣喜，宣告这次远足徒步顺利结束。

密林丛生的山路

🌼 博物赏识

深圳假脉蕨

　　深圳假脉蕨最早发现于阳台山，生长在沟谷雨林下的溪流和瀑布边，利用细长且平卧的茎牢牢地附着在岩石上。株高 1—1.5 厘米，叶片小而薄，呈羽状分裂；多行"叶脉"斜向伸展，这些"叶脉"不与主脉相接，也不相互连接，没有疏导的功能，被叫作假脉；孢子囊群的囊苞呈撕裂状，这是它与其他假脉蕨属植物最大的区别之一。深圳假脉蕨个体数量很少，易受到践踏等人为活动的威胁。

悦目金蛛

　　悦目金蛛属蛛形纲蜘蛛目圆蛛科。头胸部扁圆形，背甲黑褐色，密被白色细毛；螯肢黑褐色，触肢淡黄色；腹部呈五角形，腹背灰褐色底，相间排列3条鹅黄色宽横带。悦目金蛛栖息于灌丛果树间，蛛网中央有加粗的白色锯齿状宽丝带，看起来像英文字母 W 或 N，被戏称为"有学问"的蜘蛛。

悦目金蛛

薄翅蝉

　　薄翅蝉正式中文名为安蝉，是一种薄翅蝉属的蝉，头部的宽长于胸宽，头部略呈三角形状，两眼间有三颗红色宝石般的单眼，头部前缘有一条明显的黑色边线，分布于低海拔地区。

薄翅蝉

竹节虫

　　竹节虫被称为"伪装大师"，其身体形状细长似竹节，延长呈棒状，具拟态和保护色，看上去很像竹节；体色多为绿色或褐色，接近树枝草叶。竹节虫多分布于热带、亚热带地区，平时生活在草丛或树枝上，能根据光线、湿度、温度的差异改变体色，使天敌难以发现。

竹节虫

周边游玩

　　从石岩登山广场上山，可以在公园内的揽月书吧稍作休憩，或是寻一个阳光明媚的日子在郁郁葱葱的山脚下享受阅读的乐趣。此外，胜利大营救广场附近分散着阳台山森林公园的众多景点——羊台添翠、棕榈岛、流金谷、大浪文化公园等，这些景点特色不一，可根据兴趣前往目的地，探索周边。

阳台山的红色记忆

阳台山深坑革命遗址

　　阳台山一带，峰峦绵延，泉湖星布。1940 年，中共东江特别委员会部队干部会议决定开创阳台山抗日根据地，自此阳台山成为抗日战争时期东江纵队的重要根据地之一。这里曾发生过多次抗击日伪军的战斗，还发生过一场震惊国内外的"中国文化名人大营救"事件。因此阳台山有了"英雄山"的美称，成为深圳革命老区之一。

　　阳台山的红色基因由来已久，早在 1898 年，归国华侨就在山脚下发动了反抗清政府统治的乌石岗起义。1941 年夏季，日军对东江纵队阳台山根据地进行了多达 8 次的"扫荡"，均以失败告终；同年 12 月 25 日，香港沦陷，日军大肆搜捕抗日文化名人，众多文化界人士和爱国民主人士处境艰难。在中共中央、南方局领导下，东江纵队采取行动，建立联络站，开辟交通线，展开对在港文化名人的营救。

　　阳台山留下了许多可歌可泣的故事，也留下了很多红色遗迹：在文化名人大营救过程中，山下的白石龙村是文化名人在东江游击区的第一个落脚点，茅盾、邹韬奋、夏衍等数百位文化名人都从这里辗转北上；东江纵队还在阳台山深坑、杨美村和蕉窝的泥坑搭建草寮，掩护文化名人；阳台山东麓山腰处的鸡板坑曾是游击队驻地之一，村中还有兵工厂、藏枪洞遗址；芋荷塘原是阳台山山腰间的小村庄，村里的卓氏宗祠曾是抗日游击队的一处活动集结地，在阳台山反"围剿"中，无数英雄的英魂留在了这里，至今仍有许多遗迹供后人缅怀与纪念。这些红色遗迹使阳台山的山水更具灵气，也让这座英雄山更加声名远播。

观澜版画步道

徜徉在古村的艺术时光

大水田村、俄地吓村、鳌湖艺术村是龙华区有名的百年客家古村落，其中以大水田村，也就是观澜版画村最为公众所熟知。观澜版画步道全长11.7千米，东起牛湖地铁站，西至中国版画博物馆，途经观澜街道多处历史风貌区，是一条历史底蕴深厚、艺术气息浓郁的特色步道。行走其间，古村幽幽，小巷深深，既能感受到光阴在此间刻下的印记，还能体会到艺术在老时光里"复活"的魅力。

◁ 行走指南

　　观澜版画步道起于地铁 4 号线牛湖站，全程为市政道路。从牛湖地铁站出来，沿高尔夫大道向西行约 1.5 千米，在高尔夫大道左侧便是牛湖水碧道的入口之一，碧道宽阔平坦，适合多个年龄层人士休闲健走。

　　从高尔夫大道转入裕新路，这一带分散着各具特色的艺术基地、文化剧场和博物馆。从城小剧沉浸式文化剧场开始，余下的目的地都在 2—3 千米范围内。从俄地圩村沿俄地路、牛湖新兴街至兴业路，可抵达鳌湖艺术村。在鳌湖艺术村的后方，还有一个依山而建的公园——求雨岭城市公园。

　　从鳌湖艺术村向西北方向出发，大约 20 分钟即可抵达观澜版画村，紧挨着观澜版画村的就是步道的终点——中国版画博物馆。

欣赏版画的游客

步道分类　城市风采

步道路线　地铁牛湖站—（牛湖村碉楼群）—牛湖水碧道—美联红木艺术博物馆—城
小剧沉浸式文化剧场—俄地吓村—鳌湖艺术村—（求雨岭城市公园）—观
澜版画村—中国版画博物馆

路线长度　**11.7 千米**　　徒步时间　**4 小时**　　路线难度　★☆☆☆☆

交通指引

地铁牛湖站

周边公交站：牛湖地铁站站

周边地铁站：4 号线牛湖站 C 口

中国版画博物馆

周边公交站：广培社区站

特别提示

中国版画博物馆开放时间为 10:00—18:00，
每周二闭馆；预约方式：在"观澜版画"
公众号上免费预约。

○ 边走边看

牛湖水碧道

　　牛湖水碧道南起长坑、石马径水库，途经高尔夫大道，北至牛湖分散式污水处理设施处，总长约 9.9 千米（部分路段暂未开放），是深圳首条环湖微马赛道。碧道沿途树木成荫，在跨湖栈道上可近距离欣赏湖光山色，蓝灰相间的塑胶跑道很适合慢跑或骑行。

牛湖水碧道

城小剧沉浸式文化剧场

　　这是目前深圳市最大的实景沉浸式互动剧场。整个场馆活动面积达 3000 平方米，分为 80 年代馆、90 年代馆及现代馆，馆内拥有近千件老物件，力求百分百实景搭建，还原深圳历史面貌，是了解改革开放以来深圳城市变迁的绝佳去处。

俄地吓村

　　俄地吓村位于鳌湖艺术村和观澜版画村的南面，是一个拥有 300 多年历史的客家古村。这里分布着很多驻地艺术家的工作室。陈烟桥陈列馆是俄地吓村有名的标志性景点，收藏了我国第一代著名版画家、教育家陈烟桥先生的诸多版画作品及生活用品，展示了其生平故事和艺术成就。

鳌湖艺术村

鳌湖艺术村原名为牛湖村，也是一个客家村落，村中至今保留着许多排屋和祠堂。2012 年始，众多国内外艺术家在此落脚，他们创建工作室，精研各种艺术，边生活边创作，并在村子的各个角落留下了自己的作品，让鳌湖艺术村迅速"鲜活"起来。

鳌湖美术馆

启明学校旧址

启明学校旧址是鳌湖艺术村的"镇村之宝"，位于村子后面的山脚下，因村里主街叫启明街而得名。学校建于民国时期，为当时下南洋的华侨筹资兴建，由 1 栋 2 层教学楼和 1 栋 4 层碉楼组成，学校于 1994 年被合并后停办。

启明学校旧址

观澜版画村古建筑群

大水田村古建筑群

　　大水田村古建筑群是观澜版画村的核心组成部分，由大水田和新围场两个以凌氏家族为主的自然古村组成。现存房屋均为土木石结构，是典型的客家建筑。雨天，穿梭在巷子间，有盛开的金凤花、靠着墙壁向上生长的黄花夹竹桃，灰瓦粉墙间，让人有一种烟雨江南的错觉。

观澜版画村

　　观澜版画村总面积近 140 万平方米，是深圳十大客家村落之一。老村分为东区和西区。东区分布着众多版画艺术家的工作室，游客来此可体验版画创作，也可走进画廊、展览馆，了解更多版画知识。在西区的风水塘对面，是版画村种植的花海，季节不同，开花植物不同，景观也就不同。

中国版画博物馆

　　中国版画博物馆也叫观澜版画博物馆，占地面积 1.76 万平方米，是全国首个专业版画博物馆，也是全国规模最大的专业版画艺术博物馆，于 2014 年建成并免费开放。馆内会不定期举办展览，可以欣赏到来自世界各地艺术家的版画作品。

中国版画博物馆

🌷 博物赏识

牛背鹭

　　牛背鹭是中型涉禽，隶属于鹳形目鹭科，在长江以南地区属留鸟，在长江以北地区属于夏候鸟。牛背鹭性格活跃且温驯，并且不是很怕人，喜欢站在牛背上歇息和啄食寄生虫，或跟随在耕田的牛后面，捕食翻耕出来的昆虫，故以此得名。

牛背鹭

黄花夹竹桃

　　黄花夹竹桃是夹竹桃科常绿小乔木，高达 6 米，又名酒杯花、柳木子，花期 5—12 月，喜温暖湿润的气候，在南方地区比较常见。黄花夹竹桃开花近 4 个月，是不可多得的夏季观花树种，但全株都含毒性，观赏时切勿触摸或误食。

黄花夹竹桃

秋英

　　秋英是菊科秋英属的一年或多年生草本植物，花期6—8月，花色多为紫红色、粉红色，有时也会出现白色、紫色等变种。秋英的适应能力极强，可在多种土壤中生存。

秋英

黄菖蒲

　　黄菖蒲也叫黄花鸢尾、水生鸢尾、黄鸢尾，为鸢尾科鸢尾属多年生草本植物，植株高大，根茎粗壮。黄菖蒲为外来物种，原产欧洲，是少有的水生和陆生兼备的花卉，观赏价值较高，之后被广泛引种，总能在河湖旁看到它的身影。

黄菖蒲

☕ 周边游玩

　　如果你对版画艺术感兴趣的话，除了观澜版画村和中国版画博物馆之外，还可以继续前往陈烟桥陈列馆，这是一座典型的客家民居，在此可了解版画名家陈烟桥先生的人生履历，参观游览他一生中重要的艺术创作和学术成就。

♨ 步道故事

百年古村焕新颜

俄地吓村是新兴木刻运动的先驱者、美术理论家、版画家、教育家陈烟桥先生的故乡。2006年，为了纪念陈烟桥先生，在其故居的基础上修建了陈烟桥陈列馆，观澜版画基地也应运而生，从百年客家古村到著名的版画基地，观澜走出了一条将版画艺术与古村保护相结合的创新之路。

观澜版画村前身名为大水田村，村里至今还完好保存着200余间古建筑，在启动改造建设时，本着修旧如故的原则，不大拆大建，保留了古朴典雅的村落原貌。如今，穿梭在幽静的古屋小巷间，仍能看到宗祠、碉楼、水塘、古井。2007年，观澜版画原创产业基地在此正式挂牌，并在深圳第三届文博会期间，作为分会场对外亮相，自此，每年这里都举办文博会的分会场活动，持续焕发新活力。2008年，观澜版画基地正式开放运营。

对于公众来说，观澜版画村的名字或许更为熟悉。夜幕降临时，和家人朋友一起到版画村看一场流光溢彩的灯光秀，格外惬意。此外，经过长时间的运营和筹备，观澜版画基地还推出一系列活动，如主题版画展、艺术论坛、集市等，吸引公众走进版画村。

观澜版画基地

如今，观澜版画村已成为集版画创作、收藏、展示、交流为一体的国际级版画产业基地，发展出观澜国际版画双年展、观澜版画基地、中国版画博物馆、国际艺术家村等文化品牌和文化平台。其中，中国版画博物馆的落成，更是弥补了我国在国际上版画专业展馆的缺失。如今，版画已是观澜的主标签，更是龙华区乃至深圳一张骄傲的文化名片。

第九程

坪山

湖山有情 相思无尽

从前慢，亲人眷侣抑或挚友之间隔一城便一面难见，因而古人留下诸多诗词歌赋寄托相思之情。在今天这个飞快的网络时代，人们相隔山海也能秒通信息，地理距离已不构成阻碍，体验诗中的漫漫相思情也变得奢侈。在坪山江岭社区，有一条步道从马峦山延伸到海边，涵盖水库美景和老村雅韵，因沿途的马占相思和台湾相思林而得名"江岭相思步道"，沿途丰富的导览解说系统和艺术装置将相思的诗意融合进山海风光和自然绿意中。

江岭相思步道

相思路上叙相思

N

马峦山郊野公园赤坳出入口
①

② 相思树

③

④ 步道装置

红耳鹎

红花岭下库

⑤ 桃金娘

⑥ 溪涌后山

◀ 行走指南

　　江岭相思步道以马峦山郊野公园赤坳入口为起始点，交通便利，可乘坐多条公交线路至赤坳站然后步行进入。步道长约 8 千米，路面平缓舒适，风景富于变化，可畅快地从山到海跨越坪山区、大鹏新区，适合多个年龄层人士休闲健走。

　　步道的起始段是盘踞在红花岭水库周边的相思步道，这里被大片相思树林围绕，步道也因此被冠名"相思"。到达曾氏祠堂后，步道多为林间小路，可沿途观赏到多种乡土植物，富有野趣。步道在大鹏新区溪涌后山结束，如需下撤可从万科十七英里公交站台搭乘公共交通工具。

步道分类　　博物研习

步道路线

马峦山郊野公园赤坳出入口—上洞坳水库—红花岭下库—罗屋—溪涌后山

路线长度 **8 千米**

徒步时间 **4 小时**

路线难度 ★★★★☆

交通指引

马峦山郊野公园赤坳出入口

周边公交站：赤坳站、长守戏剧谷站

溪涌后山

周边公交站：溪涌小学站

 休息点　　 洗手间　　 起终点

⊙ **第 1 段** 马峦山郊野公园赤坳入口—红花岭水库

相思各有味 四时不同景

从马峦山郊野公园赤坳入口进入步道，是一条平坦的相思大道，沿途可见大片相思树林。江岭相思步道化用了相思树优美的名字，也让很多人第一次认识了常见的几种相思树。

一年四季，相思大道都是色彩斑斓的。春夏是金色的：3 月，花开最绚烂的台湾相思首先登场。浓绿的枝叶间忽而开出金灿灿的花团，形如绒球，随着花开渐盛连成一片，在深圳通常会于 5 月迎来盛花期。夏天是大叶相思和马占相思盛开的季节。大叶相思也有金黄色的花，不似绒球而呈穗状。马占相思同样是穗状花序，呈现淡雅的乳白或鹅黄，在炎炎夏日里显得格外清丽。相思树花期很长，有时在秋末也能看到大叶相思的花穗。

花落生果。三种相思的果实各有趣味，台湾相思是典型的豆荚状，马占相思和大叶相思的荚果很会"卷"，马占相思的纤细如铁丝，大叶相思的则宽阔像弯弯绕绕的耳道。秋冬走在相思大道上，可俯拾各种各样的相思种子，仔细分辨一番会让远足收获更多野趣和自然知识。

冬季，相思步道上不少植物还保持着绿意，只是不似盛夏的蓬勃。这时，相思树的叶状柄变黄而后簌簌落下，铺一地的金色，成为南方暖冬里难得的黄叶景观。

即使是从未关注过植物的游人，阅读完一路上丰富的植物铭牌和科普解说也能

相思树

把相思树"看明白"。走完这段相思大道，你一定会对相思树有更深的认识。"相思"不仅是树名，更满含优美的诗意。路上可见与相思有关的诗词牌和互动装置，看着相思树林的四季缤纷，体会诗歌中跨越千年的情愫，再惬意不过。

科普牌

📍 第2段　红花岭水库—曾家祠堂

碧波生清风 青山伴路行

在相思树投下的树荫中漫步，转个弯便会发现眼前景色豁然开朗，碧绿的水面如镶嵌在山间的宝石，清风拂面，碧波与青山相映成山间一处清朗景致。

这条原本平平无奇的水泥路因为依偎着秀丽开阔的红花岭水库而生动起来。随着路面沿着山势起伏，水景时隐时现，给这趟旅途添上一些灵动神思。

环湖碧道

🔍 边走边看

红花岭水库

　　江岭相思步道上可以眺望红花岭下库，另有一条坪大诗歌步道经过红花岭上库。红花岭上下库和上洞坳水库一起构成了红花岭水库，之间通过红花岭水连接，红花岭水汇入赤坳水最后流入坪山母亲河——坪山河。丰富的水系造就了坪山多样的自然景观，也共同维护着一方水安全。

◎ 第3段 曾家祠堂—溪涌

老村藏古趣 野路逢山珍

行至"曾家祠堂",一片古朴的老宅映入眼帘。这里是红花岭客家民居群,虽不及罗氏大屋气势恢宏,门窗也大都已经换上了现代样式,但还是可以一窥山民过去的生活。

接下来,长约3千米的路程便是充满野趣的沙土小路,一路可见丰富多样的乡土植物,有紫玉盘、木荷、余甘子、豺皮樟、香港大沙叶、大头茶、小叶青冈等。其中最惹眼的当数桃金娘,这种植物是很多人的儿时回忆:长在路边容易接近,春季开出大而艳丽的粉色花朵,夏季则结出紫黑色的果实,清甜可口。

这条路还以杨梅出名,每到春季会有很多驴友三五成群来这里采摘杨梅。不过,野杨梅果小味酸,野果还有误食中毒风险,并不提倡这种游玩方式。杨梅果红彤彤的煞是可爱,不如留下照片和回忆,将美景留给更多人分享。

在植物的簇拥下漫步,行至溪涌,视野又再次变得开阔,大海逐渐映入眼帘,在一片浓绿中露出湛蓝色。接下来可以继续探索溪涌远足径,也可以下撤至万科十七英里公交站搭乘公共交通工具离开。

杨梅

🌸 博物赏识

斑络新妇

在郊野远足时，冷不丁就会看到树木之间张着一张巨大的网，上面还有巴掌大的艳丽蜘蛛，这就是深圳最大的结网蜘蛛——斑络新妇。

这些大蜘蛛可都是女士，因为斑络新妇雌雄体形差异巨大，雄蜘蛛呈低调的红褐色，体形只有雌蛛的大约十分之一，十分不起眼，也没有织网的能力，只能在雌蛛的大网上蹭住，吃点边角料。

斑络新妇虽然体形硕大，但对人并没有危害，它们高超的织网和捕食能力还能够有效控制森林中的蚊虫。如果游人不小心撞到大网上，受惊的蜘蛛会赶快逃走，无奈地准备织张新网。

紫玉盘

紫玉盘也是相思步道上十分惹眼的一种乡土植物。紫玉盘有着紫红色花朵，花朵直径可达 4 厘米，加上蜜蜡似的金黄色花蕊，看上去十分华贵。紫玉盘花期很长，4 月打上花苞，从 6 月到 9 月都是盛开期。

身为番荔枝科的一员，紫玉盘是少有的花瓣呈开放型伸展的种类，其他的成员则大多花瓣向内形成"传粉室"。不过，和番荔枝科的很多成员一样，紫玉盘也有肉质的浆果，成熟时看起来非常诱人，是很多人儿时的山野零食。

斑络新妇

紫玉盘

☕ 周边游玩

江岭相思步道位于坪山区和大鹏新区交界处，马峦山一侧可连通坪大诗歌步道、坪山森林步道等，大鹏一侧则可以向海边行走，游览大鹏湾的浪漫海景。随着东部海堤重建工程建成，可以沿着海岸线一路在洁白的栈道上漫步，吹着海风领略深圳山海风光。

⚓ 步道故事

绿化先锋树

深圳是一座处处见绿的城市，万千树木中有天然形成的山林，也有一代代绿化工作者辛勤种植出的人工林。游人看来并无差异的一片青翠中其实有绿化工作者精细的考虑。

在土壤较为贫瘠的荒山僻野，相思树这类生长迅速又耐贫瘠的树种很容易种植成林，它们扎根土壤，遏制水土流失，落叶层一年一年铺满土地也会逐渐改善土壤条件，一片土地的生态环境也会越来越好。这类植物被称为绿化先锋树，它们冲锋在前，促进生态系统的恢复与演替。

在深圳最常见的相思树有"台湾相思""马占相思"和"大叶相思"。由于耐干旱贫瘠又生长迅速，这几种相思树成为荒山造林、绿化造景的常用树种。

相思树其实是一类很有趣的树种，它们是豆科植物，却不见豆科标志性的羽状复叶，这就是它们的特别之处：这三种相思树只有幼苗时期很短暂的一段时间是1—2回偶数羽状复叶，之后整个生命周期长出的都是假叶，称叶状柄，也就是我们看到的长条形"叶子"。

作为豆科植物，相思树还有固氮作用。据研究，在栽植23年后，大叶相思和马占相思人工林表层0.5厘米层土壤有机质和土壤总氮的含量远高于其他非豆科人工林。而且，大叶相思林下土壤的有效磷含量也显著高于其他人工林及草坡。

近年来，深圳植树不再以生产经营为目的，城市林业取代了原有的乡村林业，相思树等先锋树逐渐淡出舞台，取而代之的是适合本土生长，也适合鸟类和其他野生动物栖息的蜜源植物、乡土植物，特别是黎蒴、红锥、樟树、阴香、华润楠、山杜英等阔叶树种，深圳乡土树种占比已达到90%以上。那些在绿化荒山年代广泛种植的相思树完成了它们的历史使命，进入了自然的轮回。

位于深圳东部的马峦山郊野公园拥有15条风光优美、特色鲜明的自然步道。其中，红花岭乡土植物步道的路线与众不同：它并不以徒步穿越为目的，而是以客家风水林中的丰富植被为基底，引领博物爱好者仔细将这里的盎然生机饱览一番。

葳蕤的乡土植物、宁静的乡野风光……这条步道穿过古村和山野，兼具人文和自然之美。游人可吹着山风、闻着草木香，感受客家人对自然怀抱的朴素情感。

红花岭乡土植物步道

客家人与他们的植物情缘

⊘ 行走指南

　　乡土植物，指的是原产于本地区或经过长期引种、栽培，可在本地区适应良好、可自然繁衍的一类植物，常常被赋予浓厚的乡土情结。红花岭乡土植物步道上既有原生的樟科、桑科等植物，也有客家人在村后栽种的风水林，是一条认识深圳常见乡土植物的自然研习径。

　　步道以庚子首义旧址（罗氏大屋）为起始点，以环线的形式在山野中延展出一条自然与人文之美交织的路径。游人可以选择长度约 3 千米的小环线对密林小道浅尝即止，也可以在 6 千米大环线上饱览更开阔的风景。无论走哪条环线，都是一场丰富的植物博览之旅。

步道分类　博物研习

步道路线

庚子首义旧址—红花岭乡土植物步道—马峦社区—庚子首义旧址

路线长度 **6 千米**

徒步时间 **2—3 小时**

路线难度 ★★★☆☆

交通指引

马峦山郊野公园北门

周边公交站：马峦山园区总站

周边地铁站：16 号线东纵纪念馆站 B 口或 14 号线 /16 号线坪山围站 B 口

东方菜粉蝶

特别提示

1. 罗氏大屋附近有卫生间可以稍作休整。

2. 虽然步道本身难度不高，但算上抵离罗氏大屋的路程，总行走距离超过 10 千米。体力稍弱的游人可以选择只走 3 千米的小环线。资深驴友可继续向梅亭行走跨越坪山、盐田两区，从梅沙湾公园南门下撤。

休息点　　洗手间　　起终点

N

米槠
④

浙江润楠
③

映山红
②

⑤

①
庚子首义旧址

罗氏大屋

◉ **第1段** 罗氏大屋
走读山间的客家老村

步道的起点——罗氏大屋，位于马峦山的中心位置，在波澜壮阔的历史长河中，它虽隐居山间，却参与了一段热血的革命岁月。

在这里，革命先驱孙中山先生发起了"庚子首义"，打响了推翻清朝统治的第一枪。抗日战争期间，这里又成为反侵略斗争的重要阵地，中共东江军委曾在此指挥抗日斗争。

罗氏大屋一带有多个村落，其中罗氏大屋所在的新民村，名字取自"新三民主义"，立村姓氏为罗姓，于清代由江西豫章迁入惠州淡水三栋再到此地。如今罗氏大屋宗祠门联上仍写着"豫章世泽，三栋家风"。罗氏大屋的祠堂两边各有一座高三层的炮楼，如今墙体上的枪眼还依稀可见。

今天的新民村一派宁静悠然，已经没有原住民居住，留下了严整的客家围屋建筑和村前苍劲的古树林。不时有游人路过，寻一片老树下的树荫坐下歇脚，这里已然成为山野徒步者的中途休整地。

◎ 第2段 罗氏大屋—西向环线

老村古树 穿梭林间

客家村庄总是老树环绕，树荫如盖。红花岭乡土植物步道上风水林中的丰富植被正是客家村民一代代种植、守护的结果。

依山而居的客家人，在长期的山野生活中与自然相伴、与自然灾害抗衡，形成对自然界朴素的信仰。客家人相信树木有灵，在路口、村落后山、祠堂及坟地周围等与风水有关的地方种植树木，并严禁砍伐，因而保育出大片树林。这些树林便是客家"风水林"，被认为能够庇佑家族兴旺、村庄平安。

从罗氏大屋沿着步道向山野深处漫步，这里有深圳难得保存完好的南亚热带低山季风常绿阔叶林，其中樟科、桑科、大戟科、壳斗科，以及桃金娘科植物最为丰茂，高低交错组成乡土植物群落。另有果树、竹林丰富着此地的植物种群，这其中既有原生树种，也有客家先民种下的树木。它们经过时间的滋养已成参天大树，成为山中生灵栖息的根基。穿行在树木林立的步道间，耳边处处是鸟儿愉悦的鸣唱，偶尔可见野猪拱起的土坑、豹猫留下的粪便等。

大树是很多生物寄居的家园。树身上栖息着虫鸟，也寄生着其他植物。寄生植物结出的果实诱惑着鸟兽，它们又将种子带到更远的地方。浓密的树荫下，岩石和树干上长起层层的苔藓，薜荔攀爬其上，就这样，绿色蔓延步道上的每个角落。

科普牌

📍 **第 3 段**

罗氏大屋—东向环线

总有植物属于一片土地

红花岭有大片健康丰茂的森林，也有 20 年前开发毁坏留下的痕迹。向远处的东向环线走去，一片裸露的土地在葱郁的红花岭上非常扎眼。但看似贫瘠的地方也有植物在默默守护，五节芒等禾本科植物和芒萁等蕨类植物紧紧抓着沙土，形成一片低矮的草丛。当土壤还未能供养一棵大树时，它们先扎根土地，顽强抵抗流水的冲蚀。

峰回路转，在苍茫的草丛中，已有毛茛扎根于此，开出粉嫩的花朵，形成灌木丛。一些过去被清理裸露的土地则已经被大头茶、山乌桕等木本乡土植物重覆绿意。

不知何时种下的樟树已然亭亭如盖，在芒草地中撑起高处的风景，阴香能结出紫黑色的诱人果实，吸引着雀鸟光临享受美食。走过芒草地，壳斗科植物米槠和红鳞蒲桃立起一把把高大的绿伞，形成红花岭上令人赞叹的常绿阔叶林。

红花岭上，人类的开发与自然的演替互为进退，乡土植物在这里展现着顽强的生命力。当人类懂得尊重自然，给自然一些时间，植物会重回这里，一点点建立起山野的秩序。

参天树木

✿ 博物赏识

桃金娘

　　桃金娘可能是山野中最"甜美"的植物，不仅花朵粉嫩可爱，花药金黄诱人，它的果实也被人津津乐道。

　　爱吃会吃美食的苏东坡被贬至岭南，在《海漆录》中这样描述与桃金娘果实的相遇："吾谪居海南，以五月出陆至藤州，自藤至儋，野花夹道，如芍药而小，红鲜可爱，朴薮丛生，土人云倒捻子花也。至儋则已结子如马乳，烂紫可食，殊甘美，中有细核，并嚼之，瑟瑟有声。"倒捻子便是南方一些地区对桃金娘果实的称呼，广东不少地方称稔子或山稔子。这种植物在南方山野中见缝插针生长，不挑环境，路边也可以长得很好。

　　春季花开，而后果实一茬又一茬结出来，可以供人采摘很久。旧时人们或当零嘴或用来泡酒、做果酱，在过去物资匮乏的年代给了人们很多甜蜜和快乐。

桃金娘

红胸啄花鸟

作为半寄生植物，桑寄生的繁衍不需要土壤而是要尽可能将种子散播到更多大树上。于是，它们的种子演化出黏胶质的中果皮，吃下去黏糊糊的。这样的果实并不受大多数鸟兽欢迎，但偏偏啄花鸟喜欢这一口。它们吞下果实然后在树枝间游走时将不易消化的种子拉出来，这时种子上的黏胶就派上用场了，可以帮助种子黏附在树皮上，等待时机发芽成长。

因而，步道沿途的大树上，可看到树枝上挂着拉丝的植物种子，这就是啄花鸟留下的杰作。其中红胸啄花鸟最为常见，这是一种典型的性二态鸟类，雄鸟身披亮蓝色羽毛，胸前还有一撮殷红色，雌鸟则是全身朴素的橄榄色。

红胸啄花鸟

红鳞蒲桃

红花岭乡土植物步道上，有着高大的红鳞蒲桃树，它们是桃金娘科蒲桃属植物，与同属其他植物一样，花朵没有花梗，呈聚伞圆锥花序，果实成熟后呈黑紫色，很受鸟类青睐。红鳞蒲桃是山野间惹眼的观叶植物，它的新叶红润鲜亮，老叶翠绿欲滴，一年四季都不断长出鲜红的新叶，新叶逐渐变绿中间有多种过渡色，看起来极富层次。

红鳞蒲桃

毛菍

　　毛菍为野牡丹科野牡丹属植物，它最大的特点就是全身是毛，叶片、果实、花梗、茎干都有毛。花果期几乎全年，通常在 8—10 月，花瓣粉红色或紫红色，常见于坡脚、沟边、湿润的草丛或矮灌丛中。

毛菍

🍵 周边游玩

　　红花岭乡土植物步道位于马峦山的中间位置，四周与多条步道相接。可在冬末春初时节继续向梅亭行走赏千亩梅花，也可在炎炎夏日前往观赏马峦山瀑布群。从北门进入红花岭乡土植物步道将经过马峦山自然笔记步道，可留出研习观赏的时间，体验一场博物之旅。

马峦山瀑布

马峦山上的古村：客家人的生活史

从明末清初客家人大量迁入算起，客家文化融入深圳已有近 400 年的历史，带来了特色鲜明的方言、民俗和建筑风格。坪山区是深圳主要的客家聚集地之一，这里山水相依，大片生机盎然的山野庇佑着万千生灵，也让客家古村能够在其中留存当年完整的风貌。

在坪山南部的马峦山上有 6 座客家古村，具有浓厚的地方文化色彩。在红花岭乡土植物步道上，散落着不少客家建筑，如新民村岭南世居，建和村赖氏宗祠、张氏宗祠等。有的依然气派，有的已经残败隐入藤蔓绿林的覆盖中。即使村落已经难寻当年面貌，宗祠总是其中保存最完整、装饰最考究的建筑。

宗族文化深入客家人观念之中。自南宋朱熹倡导家庙祭祀以来，特别是明清时期，祠堂成为广东客家民居不可或缺的建筑，每一个客家宗族，每一座客家民居，都建有祠堂。典型的客家围屋建筑，都将祠堂置于中心的位置。客家祠堂集祖堂、宗族祭祀、执行宗法、议事厅、民俗礼仪、学童教育等功能于一体，是名副其实的客家宗族文化空间。

客家围屋正前方的半月形状水池，是客家建筑的另一个鲜明特征。水池名为"月池"，在风水上有聚气纳财之说，同时具有消防救灾、涵养水源、灌溉养鱼和调节微气候等实用功能。在罗氏大屋前方也有这样一汪水池，因少有人惊动，四周已经被茂密植被覆盖。

有趣的是，月池通常建于房屋之前。客家人会在建屋之初挖出池塘，挖出来的土刚好用来烧制盖房的砖块，这样既解决了大量土方的安置问题，又提供了建筑材料来源。房屋与月池同源，让迁徙至此的客家人与一方土地有了更深的联结。

客家人还常在房前屋后种植风水林。村落水源处的风水林能够涵养水源、保持水土，还起着净化水质的作用，水源充沛处也能利于树木生长，互有益处。围屋周围、祠堂背后的风水林可调节微气候，为房屋遮风挡雨，在泥石流等自然灾害发生时起到阻挡作用，"庇护村庄"其实所言不虚。房前屋后栽种果树不仅美化环境，更有实在的食用和经济作用，前人栽树后人乘凉，一片参天大树便是祖先留给后代的财富。

如今，在一些客家村庄，可见一些古树前仍有"伯公"牌位，接受着香火供奉，有些树被称为"榕树伯公""樟树伯公"，这些树木不少已有百年高龄，经历历史动荡仍然屹立，非常不易，多亏了客家人对树木的崇敬之心。

第十程

光明

田园诗画 绿野芳踪

光明是深圳最大规模基本农田集中地。在光明科学城，一片沃野田园，正诗意地诠释着"城市中的绿洲"。光明田园步道是光明最具代表性的步道之一，从光明科学城一路穿越花海、田园、果园、古村等，融合了山、湖、田、林等光明优势资源，四时四景，步移景异，它如一条自然与文化走廊，编织在光明的风景画卷中。

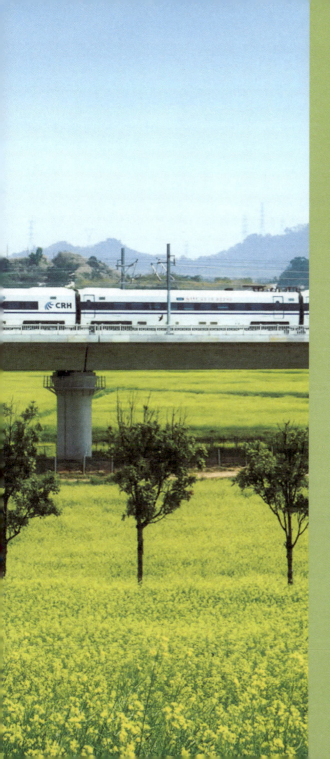

光明田园步道

诗画沃野描绘『田园梦想』

◁ 行走指南

　　光明田园步道全程约 15.9 千米，途经光明数个旅游景区，是由市政道路、乡间小路相结合的漫游路线。在光明田园步道，适合慢慢行走、细细感受，让久居都市的身心真切体味山水田园的自然意趣。

步道分类　　风物景观

步道路线

圳园路—光明科学城展示中心—欢乐田园—迳口古村（黄氏大宗祠）—百花谷 —时尚生态谷—光明农场大观园—回归亭纪念公园—滑草游乐场—光灿路

路线长度 **约 15.9 千米**　　**徒步时间** **4—6 小时**　　**路线难度** ★★☆☆☆

交通指引

圳园路

周边公交站：中山七院站、牛根坳创意园站

周边地铁站：6 号线圳美站 A1 出口

光灿路

周边公交站：光明滑草场站

特别提示

1. 欢乐田园免门票、免预约，开放时间为周一至周日 9:00—20:00。

2. 光明农场大观园开放时间为周一至周日 9:00—17:30，如遇夜场活动营业至 22:00，成人票80 元 / 人，儿童票 40 元 / 人，老人票 40 元 / 人。

3. 滑草场游乐园开放时间为周一至周日 9:00—18:00，成人门票 65 元 / 人，儿童门票 40 元 / 人。

 休息点　　 洗手间　　 起终点

圳园路

① 光明科学城展示中心

② 光明欢乐田园

向日葵

公明水库

N

逐口古村（黄氏大宗祠）

③

百花谷 ④

⑤

时尚生态谷

⑥ 光明农场大观园

⑦ 回归亭纪念公园

⑧ 滑草游乐园

光灿路

◎ **第1段** 圳园路—欢乐田园

沃野田园里体验农趣

从地铁 6 号线圳美站 A1 出口往南，走上圳园路，步行 15 分钟左右就来到光明科学城展示中心。展示中心前新陂头河缓缓流过，后面是一片近百平方米的大草坪，这里花香蝶舞，很适合野餐露营。

穿过大草坪，便行至欢乐田园北门入口。欢乐田园面积较大，可以选择在入园处坐观光车游览，也可以入园多走几百米坐观光小火车游览。

◯ 边走边看

新陂头河

光明科学城展示中心北侧的新陂头河，是茅洲河最大的支流。经过治理后，水清景美。缓缓流淌的河水撞在河底的石头上，碰撞出雪白的水花。河面铺设了石头汀步，不少孩子喜欢来这里戏水。沿着圳园路一路前行，脚下绿道平整干净，道路两侧绿草如茵，心情也随之欢悦。

欢乐田园

欢乐田园总面积 3.8 万平方千米，是深圳面积最大的连片基本农田，这里可观田园风光、体验果蔬采摘、参与研学及游园活动、开展露营等。四季景观各有不同，春看油菜花海、夏拂金葵凤荷、秋赏风吹稻浪、冬享果园飘香，是许多人来光明的必游之地。

欢乐田园内部路可以骑行，畅行于湖景、花海，骑行路线长达 10 千米。如果时机恰好，你还能在这里看见高铁疾驰而过时与大片油菜花田同框的美景。走到北部，可登上观景台，以全景视角，欣赏欢乐田园的美丽风光。

光明科学城展示中心

欢乐田园

迳口村

📍 第2段 欢乐田园—迳口古村（黄氏大宗祠）

古村老镇间寻古探幽

　　结束欢乐田园游览之旅，下一站是迳口村。从欢乐田园内向南穿行，可抵达迳口村。村里既保持着古朴的风貌，又设有本地特色美食店，走累了可随处寻一家小店稍作歇息。

🔍 边走边看

黄氏大宗祠

　　迳口古村是深圳为数不多的自然古村落之一，距今已有 800 多年历史。迳口以广府黄氏宗族文化作为开村文化基础，黄氏大宗祠是村内重要建筑，占地约 300 平方米，每年重阳节前一周，村里黄氏族人都会在此举行祭祀活动。

　　宗祠旁边的戏台，是居民喜爱的活动空间。戏台翘角飞檐，古色古香，让人遥想起昔日锣鼓声声，村民们欢聚一堂的盛景。

迳口炮台

迳口炮台始建于民国时期,为光明区文物保护单位。在村内绿树林中,废弃的炮楼静静矗立,斑驳的外墙铭刻着时代的印记。

三棵树广场

从黄氏大宗祠向东行,"三棵树广场"的标识牌立于眼前。广场上伫立着三棵枝繁叶茂的大榕树,这里是居民喜爱的休闲之地,古树也将继续陪伴着村落不断发展。

迳口炮台

⊙ 第3段 迳口古村(黄氏大宗祠)—滑草游乐场

阡陌纵横中品烟火气

沿着三棵树广场前行,走完迳口村,紧挨着的便是百花谷、时尚生态谷。经由迳口路、碧果路、光灿路,可抵达紧邻的回归亭纪念公园、光明农场大观园、滑草游乐场。

○ 边走边看

时尚生态谷

时尚生态谷环境优越,动植物丰富多样。秉持人与自然和谐共生的发展理念,生态谷重点打造番茄科技馆、自然教育中心、深圳国家现代农业科技展示中心、现代玫瑰科技园等核心项目。现场还不定期举行热气球飞行、帐篷露营、下午茶、烧烤、摘草莓、草坪音乐、露天电影等各式活动。

时尚生态谷

回归亭纪念公园

　　1997 年夏，为庆祝香港回归祖国，深圳、香港两地渔农界捐资，在深圳市侨民聚居地光明农场的大博山顶兴建回归亭，并栽种 1997 棵荔枝树，形成了"回归林"。公园内设有文化景墙以及紫荆花广场，以纪念香港回归祖国。

滑草游乐场

　　滑草游乐场拥有 10 万平方米的草地与树林，内部由 3 万平方米的大型滑草场、户外拓展训练基地和户外野战训练区组成，一票制玩转滑草车、旱地滑雪、脚踏卡丁车、射箭、摸鱼、户外保龄球等项目，配套啤酒广场、烧烤场、荔枝园观光等游乐项目，刺激又好玩。

滑草游乐场

光明农场大观园

　　光明农场大观园是光明首家 AAAA 级旅游景区，是一家集农牧业生产、科研、自然生态、农业科普、休闲体验为一体的现代农业休闲观光旅游区，也是首家可以让游客近距离参观奶牛现代化饲养、自动挤奶过程，并了解牛奶文化的景区。园区包含奶牛文化展示区、特植养殖展示区、蚕桑文化体验区、奇异瓜果观赏区、生态果林体验区、农业文化创意区、游乐运动拓展区、农业科普展示区八大板块，拥有 40 多项旅游项目，是许多市民游客来光明的必游景点之一。

光明农场大观园

❀ 博物赏识

油菜花

　　油菜花是十字花科芸薹属一年生草本植物，著名的油料及观赏作物。每年春季，欢乐田园千亩油菜花盛开，满目金黄，清香扑鼻。市民喜爱坐上一趟"开往春天的田园小火车"，开进都市田园。

油菜花

马鞭草

　　马鞭草是马鞭草科马鞭草属多年生草本植物，因顶生的穗状花序像马鞭而得名。马鞭草生命力旺盛，在我国各地均有分布。盛开时，连绵成片的马鞭草花层层叠叠，呈现出一片紫色的海洋。

马鞭草

普通翠鸟

　　普通翠鸟是佛法僧目翠鸟科翠鸟属鸟类，别名蓝翡翠、大翠鸟、钓鱼翁等，头部和上体是艳丽的钴蓝绿色和暗蓝色的细斑，在阳光的照射下闪烁着迷人的金属光泽，非常好辨认。常出没于开阔的淡水湖泊、水塘、溪流、水田岸边等，以小鱼为主食，是鸟类中的捕鱼高手。

普通翠鸟

向日葵

　　向日葵是菊科向日葵属一年生高大草本植物，因花序随太阳转动而得名。花期为7—9月，果期为8—9月。向日葵花海是光明小镇欢乐田园的一大景观，铺天盖地的花海成为盛夏市民喜爱的休闲打卡之地。

周边游玩

　　如果你是一名徒步爱好者，走完光明田园步道，可继续前行，走上大顶岭山林公园，这里有颇具人气的大顶岭绿道、光明十景之一的虹桥公园；喜欢探索山林野趣，也可走走光明大顶岭郊野径、光明虹桥郊野径，尽享光明科学与生态和谐共生之美。

从光明农场到光明科学城

光明文化艺术中心

　　许多人对光明区的记忆是从光明农场开始的,而光明农场的发展离不开一个群体——归侨。1978 年,越南掀起排华潮,侨胞生命安全受到严重威胁。紧要关头,国家迅速决定撤侨,光明农场肩负起安置越南归侨的任务。那一年,有 22.4 万越南华裔回到祖国,其中4300 多人来到了广东省国营光明农场(现为"光明农场"),他们在这里扎根,成为建设家园的重要力量。1979 年 1 月,"广东省国营光明农场"更名为"广东省光明华侨畜牧场"。光明区也成为深圳市安置归侨侨眷最集中的区域之一,形成了华侨特色村落、美食和民俗文化。光明建有侨文化博物馆——光明侨院,记录着归侨们的筑梦故事。

　　2018 年 9 月,光明区挂牌成立,人们更多地称这里为"光明科学城"。如今这里已发展成为现代化的深圳北部中心城区,既是光明都市农业观光目的地,也是生态郊野公园之城。这里的华侨、归侨和新侨也承担起了新时代赋予的新使命,在更多领域发挥作用。

光明大顶岭郊野径

探寻城市里的绿野仙踪

来光明游玩的人，总不会错过大顶岭山林公园，这里虹桥与大顶岭绿道一横一纵蜿蜒于山间，连接着周边光明小镇欢乐田园及光明湖，构成了光明科学城的"后花园"。光明大顶岭郊野径是大顶岭山林公园内一条环境清幽、景观丰富、颇具有野趣的宝藏路线，其中一段与深圳远足径西北支线凤凰径重合。徒步其间，既可享山林野趣，又能望繁华都市，尽览光明山环水抱之美。

⊙ 行走指南

　　光明大顶岭郊野径是光明区郊野径示范段之一，全长 3.5 千米，大部分为手作步道及土路，在陡坡或易滑路段使用了土坎、木台阶、梅花桩、拉绳等辅助设施，整体难度不大，户外新手也能在此体验徒步的乐趣。

　　步道的起点位于大顶岭绿道浮桥处，此处设有"光明森林公园郊野径"标识牌，走上手作步道向东便可踏上大顶岭郊野径，穿过"海芋林蔽"，一路爬升约 250 米到达光明顶。这里是大顶岭最高点，可遥望虹桥风景。从光明顶沿山脊线向蟾蜍石方向走，道路与深圳远足径西北支线凤凰径（三段）重合，沿途可见木桩剧场、野猪游林等景观、休憩节点。

　　蟾蜍石附近也是一处观景平台，在这里光明湖风光尽收眼底。继续前行，走过凤凰径（三段）Y F062 号标距柱，前行不远，便可看见马池田绿道方向指示牌。顺此方向一路下行，抵达马池田绿道便是步道的终点。需要注意的是，终点虽与马池田绿道相接，但公共交通不便，需继续行走约 2千米由白花洞转入观光路。

大顶岭郊野径

步道分类 郊野远足

路线长度 **3.5 千米** **徒步时间** **2 小时** **路线难度** ★★★☆☆

步道路线

浮桥—海芋林—光明顶—野猪林—蟒蛈石—观景平台—马池田绿道

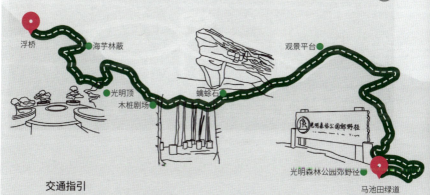

交通指引

浮桥

周边公交站：光明滑草场站

马池田绿道

周边公交站：白花站

海拔示意图

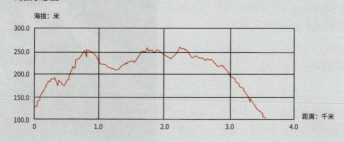

Q 边走边看

浮桥

浮桥

　　由三个简约时尚的圆环构成的浮桥，是大顶岭绿道标志性的"三桥"之一，也是备受市民喜爱的打卡地。浮桥悬浮于森林峡谷之间，行走于此，仿佛能感受到浮在绿海之上的飘逸。夜幕降临时，黑科技助力的浮桥还会发出亮光。

光明顶

光明顶

　　光明顶是光明大顶岭郊野径沿途的中转站，也是一处观景台。在这里，光明大顶岭郊野径与远足径凤凰支线相会，步道转向密林深处的山脊线。

木桩剧场

光明大顶岭郊野径沿途可遇到多处生态友好休息点，木桩剧场就是其中之一。由倒木经过修整加工的木桩，错落置于林荫树下，成为行路人的歇脚点。

蟾蜍石

蟾蜍石是光明大顶岭郊野径途中的一处岩石景观，因山顶峭立的石头形似蟾蜍而得名。斑驳的地衣为蟾蜍背覆上一层外衣，更为逼真。

此处视野开阔，眼前是光明湖、光明小镇欢乐田园的静美风光，可远眺光明科学城的高楼林立，向东还可见东莞大屏嶂森林公园的郁郁葱葱。

木桩剧场

🌸 博物赏识

野蕉

野蕉又名山芭蕉，为芭蕉科芭蕉属多年生草本植物。叶片长圆形，长约 2.9 米，宽约 90 厘米，叶面绿色，微被蜡粉。花期在夏秋时节，常生于山谷或山坡潮湿地。

野蕉

野猪

野猪是一种常见的野生动物，以强壮的体格和独特的习性而闻名。在大顶岭郊野径途中，可见"注意！野猪出没！"的提示牌，一旁野猪留下的痕迹清晰可见，这也成为途中一个特殊的景观——"野猪游林"。

"注意！野猪出没！"提示牌

羊角拗

羊角拗是夹竹桃科羊角拗属灌木，花期 5—7 月，果期 6—12 月，因其果实长得像两只羊角而得名。花冠为漏斗状，花瓣黄色外弯，延长为长长的带状。果实为椭圆状，像绿色的羊角一般。羊角拗从根到叶全株含毒，尤其种子毒性更强。常生长在丘陵山地、路旁和灌木丛中。

羊角拗

牛耳枫

牛耳枫是虎皮楠科虎皮楠属灌木，叶纸质，总状花序，果卵圆形，花期为4—6月，果期为8—9月。种子榨油可制肥皂或作润滑油。根和叶入药，有清热解毒、活血散瘀之效。

牛耳枫

☕ 周边游玩

光明大顶岭郊野径起点处向北连接着光明田园步道，向南与大顶岭绿道相连。周边有虹桥公园等网红打卡地，还有光明欢乐田园、光明农场、百花谷、光明滑草游乐园等自然生态景区。

⚐ 步道故事

白花洞的历史印记

白花洞革命烈士纪念碑

　　大顶岭郊野径从马池田绿道出来便来到白花洞片区，这里因白花洞村的红色历史而闻名。

　　白花洞村建于清朝光绪年间，周氏先祖由惠州迁徙至此。因为这里三面环山易守难攻且漫山遍野开满白色山花而得名。村内现存 5 座由中式墙体门楣与西式顶层外廊结合的碉楼，成为村落的一大风景。而这里更为有名的地标，是一座白花洞革命烈士纪念碑。

　　在抗日战争和解放战争时期，白花洞是重要军需基地，广东人民抗日游击队、护乡团等人民武装都在这片热土抛洒热血。为了缅怀先烈，1992 年由白花洞村民捐资，在烈士牺牲的地方修建了白花洞革命烈士纪念碑。

光明虹桥郊野径

漫步山谷间 人在画中游

虹桥公园与大顶岭山林公园是光明区两大亮丽的生态名片，这里绿道、郊野径、手作步道纵横交错，是本地居民和外地游客喜爱的户外健身、休闲游玩热门地。虹桥与大顶岭绿道交会处附近，在山谷间蜿蜒着一条光明虹桥郊野径，它串联起浮桥、探桥、虹桥等重要景观点，比虹桥步道、大顶岭绿道更具自然野趣，步道难度不大，独自悠游或与家人同步体验一段原生态郊游，都再合适不过。

⊙ 行走指南

　　光明虹桥郊野径位于大顶岭下一条沟谷内，道路呈两段"V"字形，两端均与大顶岭绿道相连，整体难度不大，适合郊野漫步，也适合带孩子体验生机勃勃的山野。

　　从大顶岭绿道浮桥处出发，向上登山是大顶岭郊野径；往下进谷则是虹桥郊野径。沿入口石阶向下，步入第一个"V"字形路段，不远便能看到光明森林公园郊野径虹桥线JHQ00号标距柱。由此向前，是一段穿过荔枝林的土路，路两侧有碎石围筑，路面平整清晰。行走约250米，有一座圆木搭建的休息亭，往前便可望见虹桥的终点塔。继续步行约1千米，道路便上行衔接至大顶岭绿道。

　　第二个"V"字形路段从探桥处的栈道下行，此处可仰观探桥及桥上看风景的游人，而近处是一个水潭，隐在芭蕉、海芋合围的一派葱茏之中。蜿蜒的小道穿过竹林剧场、雨林小径，再次上行会合到大顶岭绿道上。沿绿道向南行，可到达虹桥终点塔；向北行，可到荷花池，这里便是光明虹桥郊野径的终点。

光明虹桥郊野径

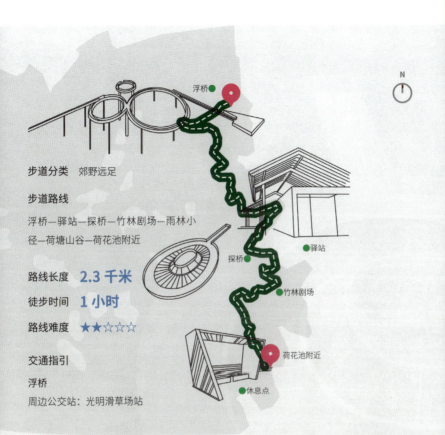

N

步道分类 郊野远足

步道路线

浮桥—驿站—探桥—竹林剧场—雨林小
径—荷塘山谷—荷花池附近

路线长度 **2.3 千米**

徒步时间 **1 小时**

路线难度 ★★☆☆☆

交通指引

浮桥

周边公交站：光明滑草场站

海拔示意图

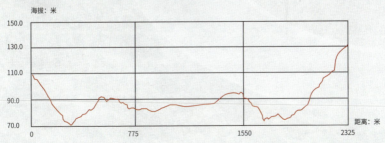

海拔：米

Q **边走边看**

探桥

　　大顶岭"三桥"的另一座网红桥——探桥，是虹桥郊野径第二段的起点。探桥如同一个巨大的球拍落于山谷间，因位于山水交会处，探桥也成为一大观景台。"球拍"中间用尼龙绳构成巨大的攀爬网，是孩子们的游玩乐园。

竹林剧场

　　道路穿过的一片竹林，环山而立，形成一个天然的半闭合空间。此处微风习习，竹叶窣窣，圆木制成的座椅与周边环境融为一体，是途中一个幽静的休憩点。

竹林剧场

光明生物多样性科普廊道

　　在光明虹桥郊野径途中，不时可见生物多样性科普牌，市民游客在徒步郊野时，也可通过科普牌了解豹猫、领角鸮、金毛狗蕨等国家重点保护动植物的科普知识。这是光明区首个生物多样性科普廊道，长约1千米，也成为光明区开展自然教育、生物多样性保护的课堂。

科普牌

🌸 博物赏识

盐麸木

　　盐麸木又称盐肤木，为漆树科盐麸木属落叶小乔木植物。圆锥花序，苞片花白色，花瓣长圆形，开花时外卷；核果球形，成熟时红色。盐麸木可以吸收土壤中的盐分，并将其以盐水的形式分泌出，待水分蒸发，盐分附着于树体上，有着世界上最咸的树之称。

盐麸木

黄猄蚁

　　黄猄蚁又名黄柑蚁、红树蚁，在我国南方常见，是"虹·明星物种评选"中最受市民欢迎的明星物种。黄猄蚁是树栖蚁种，会利用幼虫吐丝卷起鲜活树叶筑成"蚁包"栖息，大群落的黄猄蚁普遍有多个副巢。

黄猄蚁

领角鸮

领角鸮是小型猫头鹰，为国家二级保护动物。它的面部圆盘是暗黄色，带有一些暗淡的同心圆斑。领角鸮广泛分布于中国南方地区，栖息于山地阔叶林和混交林中，白天栖息在茂密的树枝上，晚上出来活动，雄雌鸟常成双对唱。

领角鸮

变色树蜥

变色树蜥是深圳最常见的蜥蜴之一，因体色可随环境干湿、光线强弱变化而得名。变色树蜥背面浅棕色，杂有深棕斑块；眼四周有辐射状黑纹，鳞片十分粗糙；背部有一列像鸡冠的脊突，所以又叫鸡冠蛇。生殖季节雄性头部为红色。

变色树蜥

周边游玩

光明虹桥郊野径连接着大顶岭绿道、虹桥、大顶岭郊野径，向北行还可衔接光明田园步道，周边串联光明农场大观园、滑草游乐园、光明欢乐田园等多个景区，是来光明游玩的首选片区。

⚲ **步道故事**

被自然眷顾的光明

山环水绕的光明，是大自然赐予光明人的一块福地，也是光明从事自然教育的优越课堂。

光明山水林田湖草资源丰富，15 条主要河流纵横交错，16 座水库星罗棋布，湿地保护率高达 91.6%，光明将"一河九水，百里山环，千顷公园，万亩稻香"的生态福祉带到了市民的身边。

这里物种多样，据光明建区以来 2022 年首次区域性生物多样性调查评估结果显示，仅光明、观澜、罗田 3 个森林公园（光明片区）内记录在册的野生动植物就有近 500 种，包括国家重点保护野生动植物 19 种。

依托丰富的自然生态资源，2023 年，光明启动全域自然教育，把城区打造为巨大的自然课堂。在虹桥公园，集中展示着自然教育的重要成果：虹桥公园自然教育中心是光明首个综合性自然教育中心；光明区图书馆"森·书房"以自然博物类书籍为特色；在虹桥公园自然教育中心负一楼，光明自然生态展览、纪录片尽显光明自然生态之美；在生物多样性科普廊道和多个自然教育中心，"全域、全龄、全季"的自然教育活动正有序展开；十五大明星物种，成为虹桥公园的"野生代言人"……无论是自然生态研究者，还是普通市民，来到光明，都能融入自然、了解自然、爱上自然。

大鹏

碧海青山 村树含烟

坝光银叶树步道位于大鹏新区坝光片区，是一条连接白沙湾公园与坝光银叶树湿地园的步道，全长 4.7 千米。白沙湾公园依山傍海，海岸线绵延曲折，园内步道顺着海岸线而建，风光秀丽；银叶树湿地园内藏着百年客家古村，还拥有以银叶树为主的红树植被群落。这里游人不多，可以慢慢走慢慢看，观海、观鸟，感受人与自然和谐共生的美好。

坝光银叶树步道

探寻古村古树 走进时光深处

⊙ 行走指南

　　坝光银叶树步道始于白沙湾公园西门，沿途经过坝光海堤、公园露营区、坝光国际生物谷等，终于坝光银叶树湿地园正门，自北向南沿着海岸线将白沙湾公园和银叶树湿地园串联起来。步道大致可以分为两段，一是白沙湾公园西门—坝光海堤，二是盐灶古村—坝光银叶树湿地园。行走于此，可以感受两大海滨公园不同的特色与魅力。

休息点

洗手间

起终点

特别提示

1. 若自驾前往，可提前预约坝光银叶树湿地园停车场位置。

2. 在观赏古银叶树群落时，应尊重古树，避免攀爬、刻画等损害行为。

3. 野外露营请遵守相关规定，禁止明火，注意安全，爱护环境。

步道分类　博物研习

步道路线

白沙湾公园西门—坝光海堤—盐灶古村—坝光银叶树湿地园正门

路线长度 **4.7 千米**

徒步时间 **2 小时**

路线难度 ★☆☆☆☆

交通指引

白沙湾公园
周边公交站：坝光展厅站、坝光人才公寓东门站

坝光银叶树湿地园
周边公交站：坝光银叶树湿地园站

N

银叶树

盐灶古村

6

7　坝光银叶树湿地园正门

银湿地
叶树园

SHENZHEN
SILVER LEAF TREE
WETLAND

◎ **第1段** 白沙湾公园西门—坝光海堤

山海之间的宁静海湾

在白沙湾公园，公园步道基本和坝光海堤重合。沿步道向北行走，可以近距离观海，公园内有大片的草坪可以露营休息，在草坪上支起帐篷，背靠大山，面朝大海，便可领略到平时难以感受的自然风光，深受露营爱好者的青睐。

○ 边走边看

白沙湾公园

白沙湾公园三面环山，一面环海，拥有长达 1.2 千米的海岸线。在公园内沿着碧道行走，能近距离观赏海景，倾听浪花拍打海岸的"哗哗"声。在露营区内，即便是工作日，也会看到一群又一群的人，带着专业露营的小拖车在海边的草坪上安营扎寨。

白沙湾公园

坝光国际生物谷展示厅

坝光国际生物谷展示厅坐落在白沙湾畔，是坝光片区首个建成启用的标志性建筑，占地面积将近 6000 平方米，外观犹如俗称"魔鬼鱼"的蝠鲼，寓意着大海与陆地连接的窗口。坝光国际生物谷展示厅拥有自然亲海、生态融合、智慧引航的特色展馆，是"广深科技创新走廊"十大创新平台之一。

坝光国际生物谷展示厅

◎ **第 2 段** 盐灶古村—坝光银叶树湿地园正门

银叶树下的静谧时光

从白沙湾公园出来，沿海心路向东南而行，便可抵达银叶树湿地园。湿地园内分为鱼跃鹭飞、蒲海听风、红树望潮、古村记忆等区域，展示着红树林科普知识和客家文化。这里老村清幽，古树成林，在湿地园内漫步，一窥百年时光中古村的巨变与不变。

Q 边走边看

坝光综合体育中心

坝光综合体育中心（在建）

坝光综合体育中心三面环水，距离海岸线仅 20 米，被誉为深圳的"海上体育中心"，包含训练馆、综合比赛馆和游泳馆。整座建筑形似船帆，运用 DNA 链、海浪等特色元素，以"链接世界，解码未来"为规划理念，因此也得名"坝光之眼"。

坝光中心公园和坝光海滨公园（在建）

坝光中心公园紧挨着坝光综合体育中心，分为林间休憩区、核心广场区、滨海漫步区和自然公园区，将是一个充满热带滨海风情的休闲空间。

坝光海滨公园以净水科技应用展示为主题，游人可边游园边进行各类科普体验。

坝光银叶树湿地园

坝光银叶树湿地园

坝光银叶树湿地园是一个集红树林湿地、银叶树群落、盐灶客家古村为一体的生态公园。园内划分多个主题区域，并通过水上栈道相互连接。这里远离城市，充满自然野趣，眼前轻轻摇晃的芦苇，耳边的鸟鸣声，让人有一种"久在樊笼里，复得返自然"的闲适。

古银叶树群落

湿地园里拥有我国乃至全世界迄今为止发现的保存最完整、树龄最大的天然古银叶树群落，以银叶树为主，夹杂着桐花树、水黄皮、秋茄等红树植物，形成独特的原生湿地生态系统。湿地园的镇园之宝是一棵树龄超过 500 年的银叶树树王，树上常年栖息着多种鸟类，银叶树下还生长着成片的卤蕨。

盐灶古村

盐灶古村

在湿地园内，穿过棕红色的水上栈道，沿着湖堤走，就会看到木梁青瓦的屋舍隐现在草木之间，这便是盐灶古村。村落前，还有一片保存完好的半月形古塘，这是客家村落里特有的风水塘，白墙黛瓦的旧屋大部分木门紧闭，但仍保留着原始的形貌，有些已被改造成客家民俗博物馆。

坝光野海滩

在银叶树湿地园里的森林探索区域，穿过芭蕉林、灌木丛、古银叶树，有一处静谧原始的滩涂，这里是深圳小众的赶海胜地。当海水退潮的时候，螃蟹、花甲和海螺遍布沙滩，总能让赶海的人尽兴而归。

🌼 博物赏识

古银叶树

银叶树

　　银叶树是梧桐科银叶树属植物，常绿乔木，高约 10 米，有的躯干能高达 20 多米，遮天蔽日，气势磅礴。银叶树是热带海岸红树林的树种之一，其果实近椭圆形，呈木质，十分坚硬，内有厚厚的木栓状纤维层，可以漂浮在海面而散布到各地生根。在银叶树湿地园里，由 33 株古银叶树组成的群落，最老的银叶树已有 500 多年的树龄。

海杧果

海杧果是夹竹桃科海杧果属热带常绿植物，喜阳光，阳光越充足生长越旺盛，是滨海防潮物种。海杧果树皮为灰褐色，花为白色，花心带有血色圆圈，全株有毒，果实有剧毒，切勿轻易触摸。

海杧果

卤蕨

卤蕨是红树林中唯一的蕨类植物，它们长着青绿色的羽状复叶，根状茎直立，顶端密被褐棕色的阔披针形鳞片，高可达 2 米。卤蕨的孢子囊满布于能育羽片下面，孢子成熟时变为深褐色，掉落发育就能生成新的植株。

卤蕨

夜鹭

夜鹭是一种中型鹭鸟，脖子短，嘴尖细，微向下曲，体形粗壮，头部有两到三条长带状的白色饰羽。常见于湿地、河田或池塘边，以各种小型鱼虾为食，常在夜间活动，喜欢缩着脖子站在树枝上一动不动。

夜鹭

☕ 周边游玩

从坝光银叶树湿地园出来，可向西走至坝光水生态公园，步入另一片古树秘境。公园沿入海河流延伸，两岸风水林、红树林枝繁叶茂，游人可进行红树林生态观察、潮汐观测等自然研学活动，也可惬意地漫步于林下空间，聆听风吹古树的沙沙声。

⚓ 步道故事

冉冉升起的坝光

大鹏半岛海岸线绵延曲折、山高岭深，分散着许多村落，即便外面的世界翻天覆地，它们也如隐士般深居在广袤山海间，坝光就是如此。

坝光片区占地面积将近 40 平方千米，曾有 18 个村落散布其间。世居村民为客家民系，客家话中"岗"和"光"发音相近，这里初名坝岗。80 多年前，一批有志青年在民族危亡之际，在此组建坝岗自卫队，通过组织海岸读书会和海岸流动话剧团，传播革命思想，开展抗日救亡宣传。如今，大鹏新区在此打造"大鹏新时代海岸读书会"，不时举办读书会活动。

坝光片区靠山面海，拥有得天独厚的生态资源优势，古银叶树群落和盐灶古村统一规划为坝光银叶树湿地园，成为大鹏一张生态名片。据清嘉庆《新安县志》记载："都里"载有"盐灶下"，村民以煮晒海盐为业。300 多年前盐灶村蓝氏等家族乘船至此，发现一片煎煮海盐的炉灶，那是离开此地的人们留下的，后来人便在此建村立业。为了固沙促淤、防浪护岸，他们在此栽种银叶树，如今这些银叶树与周边的红树植物被列入国家珍稀植物群落重点保护对象。

坝光的 18 个自然村已成为永久的历史记忆，如今坝光片区已是大鹏新区重点区域建设发展中心，这里除了银叶树湿地园，白沙湾公园也建成开放。同时，大鹏新区正在加快建设全球海洋中心城市集中承载区，瞄准坝光片区"南方海洋科学城核心区"发展定位，加快推动深圳海洋大学、国家深海科考中心、深圳海洋博物馆等一批重大项目建设。

坝光文化中心、综合体育馆建设已进入收尾阶段，周围还在修建着乐高乐园、坝光中心公园、江屋山郊野公园等。现在的坝光如同一颗冉冉升起的新星，值得人们用脚步去探索。

南澳墟镇位于大鹏半岛南端，是一个充满渔家风情的小镇。南澳墟镇步道以南澳第一沙滩东门为起点，终点为洋畴湾。沿途经过海贝湾—畲吓湾绿道、月亮湾广场、双拥码头，全程约5.8千米。漫步在海风轻拂的南澳墟镇步道，眺望波光粼粼的海面，听着风声与海浪声，在放松身心的同时，还能捕捉到客家渔村文化在此留下的印记。

南澳墟镇步道

海风轻拂大鹏湾 白浪逐沙滩

⊙ 行走指南

从南澳第一沙滩东门出发，到海贝湾—畲吓湾绿道为止，其间为市政道路，可选择骑行或徒步至月亮湾广场。月亮湾广场的港湾里停泊着出海归来的渔船，前方不远处则是双拥码头，来往的船只匆匆而过，这一段是欣赏海景的好地方。

步道后半段以双拥码头为起点，经南澳富民路，到洋畴湾为止。这一段路程几乎全为上坡路段，可远眺大鹏湾，也可选择公交出行，到终点站南澳洋畴湾站下车，之后再顺着公路下山，悠然而行，充分放松身心。

南澳月亮湾

⊙ 边走边看

南澳第一沙滩

深圳的沙滩基本都在大鹏新区，其中南澳第一沙滩深得人们喜爱。它位于南澳街道办事处附近，全长约 1 千米，这里的沙子细腻柔软，海水清澈，放眼望去，就如同一块蓝宝石遗落海湾，有着深圳"马尔代夫"之称。海的对面是香港的群山岛屿，沙滩右侧还有一条山海之间的石滩，可海钓、潜泳、赶海，各得其乐。

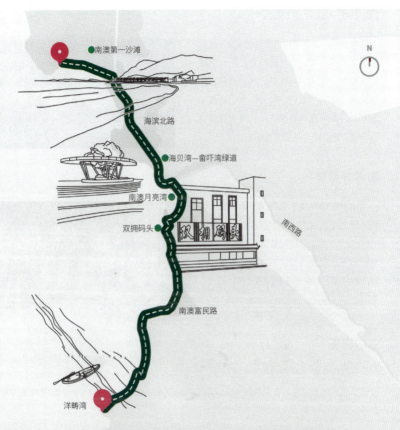

步道分类　历史文化

步道路线　南澳第一沙滩东门—海滨北路—海贝湾—畲吓湾绿道—南澳富民路—洋畴湾

路线长度 **5.8千米**　　**徒步时间** **3小时**　　**路线难度** ★☆☆☆☆

交通指引

南澳第一沙滩	洋畴湾花园
周边公交站：南澳办事处站	周边公交站：南澳洋畴湾站

海贝湾—畲吓湾绿道

　　海贝湾—畲吓湾绿道全长约 3.5 千米，北起海贝湾沙滩，南至畲吓湾，沿途串联起南澳第一沙滩、月亮湾广场、双拥码头等景区，绿道起点有以贝壳形状设计的观海平台，可将海贝湾风光，沙滩边独具特色的酒店建筑群、民宿尽收眼底。

海贝湾—畲吓湾绿道

南澳非遗馆

　　南澳非遗馆位于月亮湾附近，是大鹏新区第一个街道非遗馆。在南澳，舞草龙（疍民过年习俗）、渔民娶亲、渔村天后祭、东山渔歌，以及海胆粽制作技艺等都是重要的非遗项目。南澳非遗馆通过多种形式，生动呈现了疍民、客家人的风俗场景。

南澳非遗——舞草龙

双拥码头

　　双拥码头是月亮湾的一个重要码头，也是当地渔民出海捕鱼的出发点，附近分布着一些餐饮店和休闲设施。在双拥码头上，繁忙的船只来来往往。在这里，人们除了观赏海景，还可以尝试体验海上活动带来的乐趣。

双拥码头

🌸 博物赏识

假苹婆

　　假苹婆又名赛苹婆、鸡冠木，喜生于山谷溪旁，抗寒力强，还耐干燥。假苹婆为锦葵科苹婆属乔木，花期一般为 4—6 月。假苹婆花为淡红色或粉色，萼片 5 枚，形状像一颗星星，很好辨认，在华南山野间是一种很常见的植物。

假苹婆

朱缨花

　　朱缨花俗名红绒球、红合欢、美蕊花，是豆科朱缨花属多年生木本植物，花期 8—9 月，果期 10—11 月。朱缨花原产南美洲，喜多肥，耐热，耐旱，国内引进栽培供观赏。

朱缨花

秤星树

　　秤星树又称梅叶冬青、苦梅根、天星木，是冬青科冬青属落叶灌木，生于海拔400—1000 米的山地疏林或路旁灌丛中，长枝纤细，短枝多皱。因本种植物小枝光滑呈褐色，貌似秤杆，皮孔似秤点，因而得名"秤星树"。

秤星树

☕ 周边游玩

　　在步道终点南澳洋畴湾，既可选择步行返回月亮湾广场，也可以选择乘坐公交车下山，到"南澳马尔代夫"沙滩看海，还可以在中途选择前往枫浪山公园游玩。

⚇ 步道故事

百年古墟的回眸

南澳地处大鹏半岛最南部，因此得名"南澳"。在此之前，这里因三面环海，海水特别蓝，又称"蓝澳"。

南澳墟镇源于明朝洪武年间的"海上互市"，后逐渐发展成客家渔民聚集的渔港小镇，至今已有 600 多年的历史，是深圳历史发展的缩影之一。

墟市是南澳城镇发展的历史起点，墟市的发展脉络承载着当地的历史文化与生活习性。"墟"在客家方言里为赶集的小市场，有人、有村庄的地方自然而然会有贸易往来。在南澳地区的山谷间就分布着高岭古村、半天云村、鹅公村、西贡村、鹤薮村，其中鹤薮村有着近800 年的历史，加上坐落在山脚下的南澳墟镇，南澳也有着"五古村一墟镇"之说。

南澳墟镇作为深圳第一批历史风貌区里的唯一一个渔港墟市，不仅有着墟市文化的痕迹，而且海洋文明也在此烙下了深刻的印记。

墟镇老街就在月亮湾畔，整条老街长度不足 50 米，却是最繁华的地方。老一辈的南澳居民还记得，每逢墟市赶集，山里的农民走山路而下，扛着柴火与海上的渔民换鱼，再去街上购置日用品的日子。

靠山拥海又极具客家风情的南澳墟镇，计划打造成"一湾一墟"特色街区，将优越的自然资源和丰富的历史文化结合起来，将墟镇建设为深圳人探寻历史记忆、体验滨海生活的特色小镇。

第十二程

深汕

山环海抱 绿满新城

深汕海防人文古驿道西起圣佛庵，东至壮帝居，全长 10.5 千米，是南粤古驿道"羊蹄岭—惠东高潭"的一段。这里峰奇险险，山海壮阔，自古就是连接潮汕与广府的重要官道。近年，经过古法修整，步道将鲘门羊蹄岭、君子岭和南山岭重点段落连接贯通，成为一条兼具山海风光、历史风貌和海防文化的特色步道。行走在古道之上，脚踩青石苍苔，手抚断垣残碑，眼望碧海青天，历史的深沉记忆与深汕奋进的脚步交相辉映，令人心潮迭起。

深汕海防人文古驿道

重走千年古道 聆听时光回响

⊙ 行走指南

　　从圣佛庵到壮帝居，沿途依次翻越羊蹄岭、君子岭、岩公岭三座山岭，最高海拔为羊蹄岭，约414米。建议由西向东走，下行路多较为省力，且一路面向大海，举目便是美景。步道主体保留了古驿道原始拙朴风貌，青石铺筑，苔草丛生，沿途遍布关隘驻兵遗址和古碑石刻残迹；部分连接路段为近期所修，沿用了古道修筑手法，人工铺设，块石砌垒，沿途建有凉亭、休息桌凳等休闲设施，并设有人文历史简介展板、动植物科普牌。一路视野开阔，行山望海，美不胜收。

步道分类　历史文化

步道路线　圣佛庵—羊蹄岭古道—君子岭古道—驷马岭村—岩公岭—朝面山村—壮帝居

路线长度 **10.5千米**　　**徒步时间** **4—5小时**　　**路线难度** ★★★☆☆

交通指引

圣佛庵	朝面山村
自驾：圣佛庵	自驾：鲘门镇朝面山村

 休息点　　 洗手间　　 起终点

N

④ 观景平台

⑤ 君子岭

驷马岭水库

野山姜

⑥ 驷马岭村

⑦ 岩公岭

壮帝居

⑨

⑧ 白石印

G15 高速

G324 高速

特别提示

1. 路线起终点圣佛庵和朝面山村均有休息点和卫生间；圣佛庵提供素食，朝面山村有农家乐。

2. 步道中途经过驷马岭村，可以增加补给。

3. 沿途修建有山顶观景亭和多处休息设施，但山脊段没有遮阴，夏天行走时注意防晒。

4. 两端起始段经过山谷密林，须提防蚊叮蛇咬。

◎ **第1段** 圣佛庵—羊蹄岭古道—君子岭古道—驷马岭水库—驷马岭村

山风吹古道 轻履度故关

以驷马岭村为中间节点，海防人文古驿道可以分为前后两段。第一段为羊蹄岭古道—连接段—君子岭古道—驷马岭水库，长约 4.8 千米。

紧邻圣佛庵右侧是步道入口，立有岭南古驿道 / 深汕古驿道羊蹄岭段指示牌。入口两旁疏林夹道，一侧有溪水潺潺相随。林中行走数百米后，便看到羊蹄岭古道保留最原始的一段。青石斑驳，石缝里苔生草长，落脚处略有些湿滑。

环山而上，不远便可看到"西关遗址"，虽已荒废，但几处残墙仍有险路雄关的遗风。过了圣佛庵原址和"勤耕节用"石刻，沿步道右行上山，接入新修的古道连接段，由此开始一段通往羊蹄岭顶峰的连续爬升。

经过半小时较为艰苦的上山石阶路之后，视界豁然开朗，深汕湾碧蓝的海景扑面而来，此处有一休憩凉亭，山风飒飒，凉爽适意。经过陡峭的"羊蹄岭天梯"下行，便接上君子岭古道。此段道路平缓，林草丰茂，沿途散落着古茶亭、碑记等众多古驿道遗存。步行不到 1 千米就见到驷马岭水库了。沿库边小道至坝下，便是驷马岭村。

徒步者在古道上行走

○ 边走边看

圣佛庵

　　圣佛庵原名翡翠庵,俗称羊蹄岭庵。明景泰年间重筑羊蹄岭驿道,于岭顶修建此庵,并在旁边置小亭延僧施茶,以便往来官员商旅休憩。清乾隆五年(1740年),海丰知县李光华奉旨偕荐修禅师在原址之西五里处(今址)移建此庵,岭顶原庵址建筑关城兵营,派兵驻卫。后该庵逐渐倾废,2007年重建,易名为圣佛庵。

圣佛庵

西关遗址

　　据史料记载,羊蹄岭古道前后建有五关,有驻兵防守。西关建于清乾隆五年(1740年),共两层,上层戍兵,下层通行。城墙用三合土夯成,配防炮5座,门楣横额石刻"青云直上"四字。因长期荒落,建筑物已倒塌。遗址现存部分夯土残墙。

西关遗址

古驿道的山海景色

羊蹄岭古道

　　羊蹄岭古驿道起于圣佛庵，终点至驷马岭水库，全长约 4.8 千米，其中羊蹄岭段约 3.2 千米，君子岭段约 1.6 千米，是古代海陆丰及潮州诸县通往惠州和广州的必经之途，势居险隘，为兵家必争之地。清乾隆年间，在此设有五座关口，至今除了青石古道，还能看到沿线的古关、古庵、古碑刻遗存，均为古代海防文化的历史遗迹。

"勤耕节用"石刻

　　在羊蹄岭古道中段石崖上，刻有"勤耕节用"四个大字，意为勤于农耕，节省用度。这是清初翡翠庵和尚在佛事之余自给自足、勤于农耕的自我省示。石刻高约 1.5 米，经风雨剥蚀已经残损，但字迹依然隐约可见。

羊蹄岭天梯

　　羊蹄岭天梯是在修复保护遗存古道基础之上，遵照传统驿道修建技艺，通过骡马转运，手工铺设重新修建。最陡峭处超过 70 度，共有 108 级台阶。云雾天气行至此处，只见石阶高耸，直入云间，有直通天际之感。

羊蹄岭天梯

◎ **第2段** 驷马岭村—岩公岭—朝面山村—壮帝居

山海存旧忆 田园叙新曲

　　君子岭段和岩公岭段之间的连接路是驷马岭村村道,长约1千米。水库坝下曾是一座湿地公园,种有各种花草。步道穿行其中,两侧植有矮花木,路线清晰明显。

　　见到"深汕古驿道·岩公岭段"入口标识牌后,离开村道左拐,步行20米左右,右侧有登山口指示牌。

　　在"之"字形山路上爬升230米左右,到达岩公岭山顶。此处有一观景凉亭,风光至美,可以眺望鲘门云天万里的滨海风光。由此一路东行,步道平坦易走,过第二个观景亭之后,便一路下行,穿过山脚下的疏林田地,便是通往朝面山村的小道。近村路口立有"南山岭古道"石碑,这是另一条通往汕尾市梅陇镇的古道,沿着古道上行百米左右,就是终点壮帝居(宋存庵)了。

青石板路

Q 边走边看

观景亭

　　深汕海防人文古驿道上修建有四个观景亭，分别在羊蹄岭、君子岭和岩公岭（两处）山顶上，拥有眺望鲘门山海风光的绝佳视角。向南可以看到鲘门海湾细白的沙滩，银浪翻卷，海天一色；向北则是群山环拱，万顷苍翠，座座水库散落其间。坐在亭中，凭栏远望，山风送爽，草木摇曳，最是心神舒畅。

白石印

　　白石印是一处地质景观，位于深汕古驿道鲘门段中部岩公岭上。山体岩石为凝灰质碎屑岩，主要由火山灰等微小碎屑构成。外观疏松、多孔，触感粗糙，历经沉积、压实、固结、风化等地质变化形成，色泽洁白，形态奇异，是大自然以鬼斧神工的形态和色彩创造的神奇景观。

白石印

休憩点

　　在海防古驿道风光最好的节点，修建有多处休憩点。或依山面海，或居高临下，视野开阔，草木青葱，迎面吹来的风中带着大海鲜活的气息。即便是途中小坐，也能感受天高海阔、风飞云卷的畅意。

休憩点

壮帝居

壮帝居又名宋存庵，位于朝面山村西北侧的南山岭古道上，为深汕合作区不可移动文物点。相传幼帝宋端宗与其弟兵败南逃至此，夜宿岩石下，却因地震不得安眠，大臣陆秀夫就在岩石壁上书写"壮帝居"三字，使能安寝。宋存庵是清乾隆二十七年（1762 年）以"壮帝居"石刻为中心修建的一座两进三间庙宇，现残存有部分建筑基址和现代翻刻清嘉庆十六年（1811 年）"宋陆丞相碑"。"壮帝居"为明代石刻，尾款为"明莆见川雍兰书"，是国家二级文物。

壮帝居

朝面山村

朝面山村位于深汕合作区鲘门镇，依山面海，风光静美，有着地道的田园风光，壮帝居便在村西北不远处。1978 年，因兴建朝面山水库，朝面山村人献出了自己的家园，从黄羌镇黄羌林场移居现址，并沿用原村名。随着乡村振兴战略的实施，朝面山村成为深汕合作区乡村振兴示范点之一。

朝面山村

🌸 博物赏识

游隼

　　游隼是隼科隼属中型猛禽。翅长而尖，眼周黄色，颊有垂直向下的黑色髭纹，头至后颈为灰黑色。主要栖息于山地丘陵、半荒漠沼泽及湖泊沿岸地带。游隼因速度而闻名，它们翱翔到很高的高度，然后高速俯冲下来捕捉猎物，游隼的最快速度是每小时389千米，被称为"猛禽中的战斗机"。

游隼

山杜英

　　山杜英是杜英科杜英属小乔木，小枝纤细，叶为倒卵形或倒披针形，边缘有钝锯齿。总状花序生于枝顶叶腋内，花瓣倒卵形，4—5 月开花，8—10 月结果。

　　山杜英枝叶茂密，树冠规整有致，一年四季常挂几片红叶，霜后红叶更多，常作为庭园、绿化带和防护林树种，也是营造生物防火林带和水土保持、水源涵养的良好树种。

山杜英

血桐

　　血桐是大戟科血桐属灌木或小乔木，分布于东半球热带地区，中国有 16 种。叶大，互生，呈盾状，背面有腺点，掌状脉或羽状脉。血桐花小，没有花瓣及花盘，在深圳各地海边及低山疏林或灌木林中均有分布，园林中常有栽培。

画眉

画眉属于雀形目噪鹛科噪鹛属鸟类。背部褐色，下体黄褐色，腹部的中央偏灰色，头顶羽色带有暗的轴纹；眼圈白色，并向后延伸成眉纹，细长如画，故名画眉。主要栖息在海拔1500米以下的低山、丘陵和山脚平原地带的矮树丛和灌木丛中，主食昆虫，是国家二级保护野生动物。

☕ 周边游玩

从朝面山村向南走，不到 1 千米，便可到达海边。据《海丰县志》记载，这里曾建有鲘门炮台，是深汕海防文化的一部分，但遗址现已不可寻。古道所在的鲘门镇是粤东四大名镇之一，拥有原生态的渔村和渔港。这里海水湛蓝、沙滩绵软，盛产高品质海鲜，尤以鲘刀鱼最为有名，所以有"海鲜美食之都"的美称。来这里随渔船出海打鱼，或享受一顿鲜活生猛的海鲜，可谓独到的体验。

⚓ 步道故事

千古驿道羊蹄岭

羊蹄岭古驿道

　　羊蹄岭古驿道至今已有 2000 多年历史，素有"粤东雄关，千古一道"的美誉。其所在的羊蹄岭属粤东莲花山系支脉，峰岭险峻，形似羊蹄，又似杨桃瓣，明代之前称"杨桃岭"，清代改称"羊蹄岭"，是古代粤东各县通往惠州和广州的官道要冲。《重修羊蹄岭庵祠碑记》中云："夫斯岭之峻，盘纡几十余里，中陟旁泻，令人目眩足缩。"《移建羊蹄岭庵碑记》中也有"迂回交峻，望极云霄"和"四顾皆山，峻峰叠峙"的描述。

　　据文献记载，早在汉武帝时期，朝廷派路博德将军南征，途经羊蹄岭，凿通了西进番禺的通道，由此开辟了深汕古驿道海防军事历史。明景泰年间，鉴于羊蹄岭地扼东西交通要道，为货运及传递文书、藩属贡使等必经之路，于是政府出资拓宽驿道，在岭巅建庵，旁筑茶亭，以方便过往行人。清乾隆年间，两广官员又拨款修葺道路，迁移庵址，并在岭上相继建立 5 座关隘以驻兵防守，深汕古驿道系统也趋于完善，逐步形成了 1 条东西向官道、3 条南北向民道、6 处驿铺、3 个墟市和 1 条水道的交通网络。

　　如今，拥有 2000 多年历史的羊蹄岭古道已成为古代粤闽交通史上最为悠久的一条官道，但沿途设立的庵亭关隘则在岁月的风雨中损毁残破，只剩下残墙断碑沧然立于古道中途。

　　为了盘活深汕古驿道历史文化价值及生态景观资源，深圳市深汕特别合作区于 2023 年 5 月启动了古驿道修复及新建连接线工程。在保护修复原有古驿道的基础之上，沿承古人技艺又铺设了新连接线，使之左右贯通，成为集历史文化、山水野趣、田园风光、户外运动为一体的景观特色步道，古老的羊蹄岭驿道由此焕发出新的生命力。

附

录

户外徒步随身锦囊

行前装备

不要低估户外运动的风险，一次万全的准备会让你的户外之旅更加安全无虞、舒适愉快。

衣物 户外活动宜穿长袖长裤，可避免灌木扎腿、蚊虫叮咬。夏季可选择速干衣裤，春秋季可在外层加一件冲锋衣，防风防水，兼顾保暖功能。如果目的地地形复杂，为防止意外，可穿着颜色鲜亮的衣物。如果是自然研习径，则可穿着与环境色彩适应的衣物，避免惊扰野生动物。

鞋子 根据户外活动的环境，挑选适合的鞋子。在城市公园和绿道上，一双普通的运动鞋就够。在郊野远足径上行走时，最好穿着抓地力强的徒步鞋。

帽子 一顶防风防晒的帽子是郊野徒步必备，同时保护头部不被树枝剐蹭。

登山杖 走有一定攀升高度的郊野远足径，登山杖是必备辅助工具。这不仅可以减轻腿部的压力，遇到杂草丛生、掩盖路面的地方，还可用登山杖探路，排除潜在危险，包括泥泞沼泽和蛇虫鼠蚁。

护膝 户外徒步时，膝盖的负荷较大，一对护膝可以帮助固定髌骨，增加稳定性，延长户外运动的生命。

头灯 夜间徒步时，头灯比手机灯更方便，可以解放双手，且不必担心电量消耗过快。

饮水 根据徒步路线的长度和季节天气，准备相应的饮用水量，注意至少每个小时主动补充一次水分。如果预计徒步时间较长，最好加入一至两支电解质饮料。

食物 一些重量轻的高卡路里零食，可以快速补充能量，比如巧克力、坚果、能量棒、牛肉干等。如果在炎热的天气进行户外运动，可以携带八宝粥、果冻等便于吸食的食品。

毛巾 一条毛巾可以为脖子防晒，也可以随时拿下来擦汗。

防晒霜 在紫外线强烈的户外场所，搽好防晒霜可以有效防止晒伤。

驱蚊产品 深圳山野，蚊虫很多，驱蚊产品是户外活动必备的物品。

急救包 一个含有碘酒棉签、创口贴、藿香正气水、云南白药、胃药、止泻药的急救包能帮助徒步者应对身体的各种不良状况。

户外常见风险以及应对方法

在户外进行活动，往往野趣与风险并存。城市里的医院距离山林较远，所以个人出行更需要掌握风险处理的办法。

皮肤擦伤 在山林间被荆棘灌木剐蹭或碰到岩石，都容易产生外表皮擦伤。小伤口用创口贴可以轻松解决，较大的伤口先用清水冲洗，然后用碘酒棉签或酒精棉片消毒，最后绑一层透气纱布，或者用液体创口贴处理大面积的擦伤。

中暑 避免在天气酷热的时间段进行户外徒步。行前准备充足的水、藿香正气水和十滴水等去暑药品、盐巴或榨菜等含盐的食品。发生中暑时，迅速将人转移至通风阴凉处，补充含盐液体，使用清凉油涂搽太阳穴。若症状加重，需及时送医。

迷路 行前仔细调查掌握路线信息，最好结伴上山，避免独自一人前行。在山野间徒步时，留意路旁蓝天救援队的标牌，上面记录了所在地的经纬度以及救援队的电话号码，不要"另辟蹊径"，闯入野路。如果发生意外，徒步新手应原地或就近等待救援。

暴雨 山间土路经雨水冲刷后容易打滑，如果降雨概率较大，应取消行程；深圳春夏季山上天气瞬息万变，请留意天气预报并准备轻便雨衣。行走时遭遇雷雨，若无处可躲避，要立即下蹲，关闭手机，远离孤立的大树。

户外登山文明提示

行前准备

1. 做好登山规划，选择适合自己的行程，掌握步道路线、长度、累计爬升高度以及下撤路线等信息，判别沿途所遇地形和潜在风险。

2. 了解路线是否穿过当地的自然保护区、水源保护区，并遵守保护区相关法律。

3. 不盲目走荒郊野径，量力而行。

无痕山林

1. 选择可通行步道，尽量不践踏自然地被。

2. 保持步道的自然人文风貌，不要破坏原生境，不要在古迹和石头上涂鸦。

3. 郊野远足径上不提倡设置垃圾桶。请自备垃圾袋，带走徒步时产生的垃圾。

4. 严禁携带火种入山。

5. 防止水源污染，不直接在河流中清洗餐具。

尊重野生动植物

1. 山野是野生动植物的家园，不要进行投喂、采摘、追逐、高声惊扰等行为。

2. 与野生动物保持 3 米以上的安全距离，避免让它们因感到不安而被迫离开。

3. 野猪等野生动物具有一定的攻击性，在它们活动频繁的区域，可快速通过。

4. 徒步中遇到野生动物正在活动，应尽量绕行，或是等待它们离开再重启行程。

5. 有些植物有毒，不可随意采摘，避免误食中毒。

尊重其他徒步者

1. 与其他徒步者互相礼让尊重，互相考虑对方的权益。

2. 如果遇到需要帮助的徒步者，请伸出援助之手。在未知的自然环境中，互相协作能抵御许多风险。

3. 在窄小的步道上，上山者和下山者"狭路相逢"时，下山者可避让至路边，让上山者先行通过。

参考文献

[1] "美丽深圳"丛书编委会 . 公园深圳 [M]. 深圳 : 大同出版传媒有限公司 ,2023.

[2] 深圳市规划和自然资源局 . 深圳市地名志 [M]. 深圳 : 海天出版社 ,2020.

[3] 深圳市规划和自然资源局 . 深圳市标准地名词典 [M]. 太原 : 山西人民出版社 ,2020.

[4] 深圳市城市管理局 , 深圳市林业局 . 草木深圳 : 都市篇 [M]. 深圳 : 海天出版社 ,2017.

[5] 深圳市城市管理局 , 深圳市林业局 . 草木深圳 : 郊野篇 [M]. 深圳 : 海天出版社 ,2017.

[6] 深圳市仙湖植物园 . 深圳日历 • 植物篇 [M]. 深圳 : 深圳报业集团出版社 ,2017.

[7] 深圳市罗湖区委宣传部 . 万象罗湖 [M] . 江西 : 江西美术出版社 ,2022.

[8] 深圳市盐田区文化广电旅游体育局 . 到盐田深呼吸 [M] . 广东 : 广东旅游出版社 , 2021.

[9] 贾少强 . 发现盐田 [M]. 深圳 : 海天出版社 ,2011.

[10] 孙霄 . 中英街往事 : 特区中的 "特区"[M]. 深圳 : 深圳报业集团出版社 ,2018.

[11] 程建 . 深圳风物志 [M]. 深圳 : 海天出版社 ,2020.

[12] 深圳市旅游局 . 发现深圳之美 : 深圳最值得推荐的 100 个去处 [M]. 深圳 : 深圳报业集团出版社 ,2008.

[13] 深圳百科全书编委会 . 深圳百科全书 [M]. 深圳 : 海天出版社 ,2010.

[14] 深市光明新区史志办公室 . 光明年鉴 [M]. 深圳 : 深圳报业集团出版社 ,2022.

[15] 光明区公共文化艺术发展中心 . 寻找光明记忆 : 农场往事 [M]. 深圳 : 深圳报业集团出版社 ,2019.

[16] 深圳市光明区公共文化艺术和体育中心 . 寻找光明记忆 : 岁月祠堂 [M]. 广州 : 花城出版社 , 2023.

[17] 盐田区人民政府 . 致敬深圳地标——中英街 [EB/OL].(2020-11-03) [2024-03-29].http://www.yantian.gov.cn/cn/zjyt/mlyt/sp/content/post_8239953.html.

[18] 深圳政府在线 . "购物天堂"中英街 [EB/OL].(2023-03-09)[2024-04-01].http://www.sz.gov.cn/szstory/202303/content/post_10463892.html.

[19] 大鹏文旅通 . 大鹏文旅十二张名片⑩｜坝光古与今：探百年古村，结山海情缘 [EB/OL].(2024-04-26)[2024-04-28].https://mp.weixin.qq.com/s/qv0urZvX5V1jNYc3ptvyHQ.

[20] 大鹏新区政府在线 . 南澳墟镇片区 [EB/OL].(2024-01-29)[2024-04-27]. https://www.dpxq.gov.cn/ztzl/dpzs/jdljjdrs/content/post_10615555.html.

[21] 三趟快车博物馆 . "三趟快车"——铁路物资援港五十年实录 [EB/OL].(2024-01-25)[2024-05-11]. https://mp.weixin.qq.com/s/tKqSrba3yzBDaRb0Pv8JfA.

[22] 南方 plus. 深圳南澳非遗"出圈"！文旅深度融合让山海非遗焕发新活力 [EB/OL].(2023-10-13)[2024-04-27]. https://baijiahao.baidu.com/s?id=1779615166845348534&wfr=spider&for=pc.

[23] 邹媛 . 深圳：蓝绿相融宜居宜业 [N]. 深圳特区报 ,2024-05-13(A03).

[24] 深圳龙岗发布 . City Flight ！打卡深圳国际低碳城 [EB/OL].(2023-08-24)[2024-06-27].https://mp.weixin.qq.com/s/KWK7dvqCmRC4SPSBXAaAJg.

[25] 深圳政府在线 . 聚焦甘坑古镇！央视《新闻联播》再次点赞龙岗 [EB/OL].(2023-12-12)[2024-06-25]. https://www.sz.gov.cn/cn/xxgk/zfxxgj/gqdt/content/post_11041713.html.

[26] 甘坑古镇 . 用 Citywalk 探甘坑古镇 [EB/OL].(2023-07-21)[2024-06-24]. https://mp.weixin.qq.com/s/e0XhQToNoKi0oMLeGWrG_A.

[27] 深圳生态环境 . 光明启动全域自然教育 发布"山水连城"专项规划 [EB/OL]. (2023-02-01)[2024-06-04].https://mp.weixin.qq.com/s/zVkXUXWsPPOh16x-5t6BEw.

[28] 深圳光明 . "我们的漂亮朋友" [EB/OL]. (2023-03-14)[2024-06-04]. https://mp.weixin.qq.com/s/9bZgPM9ZDhNRus-LXsgDNA.

[29] 深圳光明 . 光明两条远足郊野径示范段完工，邀你感受"野趣之美"！ [EB/OL].(2022-11-09)[2024-05-18]. https://mp.weixin.qq.com/s/BjCg-Gg7wSaRCmaLxaltiw.

[30] 深圳市城市管理和综合执法局，深圳市规划和自然资源局 . 梧桐山风景名胜区总体规划 (2021-2035 年) 规划说明书 [EB/OL].(2023-09)[2024-04-18]. https://cgj.sz.gov.cn/attachment/1/1392/1392511/11049891.pdf.

[31] 深圳图书馆 . "深圳记忆"专栏第三期｜古村探访（二）：福永凤凰古村 [EB/OL].(2019-07-29)[2024-05-25]. https://mp.weixin.qq.com/s/aO9iXr8M8psSFphzqhb9HQ.

[32] 陈林 . 一方"盐田"穿越深圳古今 [N]. 晶报 ,2023-04-07(A08).

[33] 陈强 . 杀出血路，40 年创造上千第一；先行示范，深圳担当更大使命 [N]. 羊城晚报 ,2019-09-04(A09).

[34] 深圳城管 . 深圳公园的故事⑥｜血脉情深，山水连心——东湖公园 [EB/OL].(2022-11-02)[2024-08-06]. https://mp.weixin.qq.com/s/E68lbUeSVu4WxAmE0al_kA.

[35] i 游深圳 . 陪伴深圳人 57 年的东湖公园，全新游园指南上线！ [EB/OL].(2023-10-18)

[2024-08-06]. https://mp.weixin.qq.com/s/lN3Ncb7sN4ApEUhJnU7clg.

[36] 魏鼎，李霞，郑芳，等 . 深圳节日大道是如何"出圈"的 [N]. 晶报 ,2024-02-2(A06).

[37] 罗湖发布 . 让深圳 300 多年的老街"潮"起来！这还是你认识的东门吗？ [EB/OL].
(2019-03-07)[2024-04-21]. https://mp.weixin.qq.com/s/2L89Hk3BiUkdA-w0mh5ZXQ.

[38] 深圳市城市管理和综合执法局 . 环立新湖绿道 [EB/OL].(2023-06-19)[2024-02-12].
https://cgj.sz.gov.cn/xsmh/gysz/twf/tyyd/content/post_10841273.html.

[39] 何一航,高山 . 解码宝安"桃花源"：科创企业的"梦里故乡"[N]. 宝安日报,2022-07-21
(A08).

[40] 刘钢宝 . 宝安区桃花源科技创新生态园：一朵桃花引来八十八朵桃花开 [N]. 深圳特
区报 ,2022-07-21(A06).

[41] 南方 plus. 今日宝安"科技桃花源"，明日"最美产业会客厅"｜深圳高质量发展
调研行 [EB/OL].(2022-07-21)[2024-03-10]. https://baijiahao.baidu.com/s?id=17389220983
21851115&wfr=spider&for=pc.

[42] 沈婷婷 . 创新构建都市型公共文化服务体系，打造全国示范区创新发展"福田样本"
[N]. 羊城晚报 ,2023-01-11(A13).

[43] 中共深圳市委统一战线工作部 ."侨"这 45 年，与改革开放同频共振的故事——深
圳市光明区越南归侨深情讲述 [N/OL].(2023-08-14） [2024-03-26].http://tzb.sz.gov.cn/xwzx/
gzdt/tzsx/qbgz/content/post_1083784.html.

[44] 读特 .1.6 万余份藏品！来光明侨院感受侨文化 [EB/OL]. (2023-10-24) [2024-03-25].
https://baijiahao.baidu.com/s?id=1780624691871152170&wfr=spider&for=pc.

[45] 彭军，华智超 . 多次斩获国际国内大奖，福田有条陪伴 15 万人回家的绿廊公园带 [N].
深圳特区报 ,2023-08-29(A04).

[46] 城市烟火气藏在街头巷尾 从社区感知"深圳温度"[EB/OL]. 深圳新闻网,(2023-11-08)
[2024-05-28].https://www.baidu.com/s?rtt=1&bsst=1&cl=2&tn=news&ie=utf-8&word=%E4
%B8%8A%E6%AD%A5%E7%BB%BF%E5%BB%8A.

[47] 行走城事｜漫步蛇口回看改革开放，史迹游径助力城市文旅 [EB/OL]. 第一财经，(2023-
12-12)[2024-05-28].https://baijiahao.baidu.com/s?id=1785068157758988853&wfr=spider&for=pc.

[48] 南粤古驿道网 ."羊蹄岭—惠州惠东高潭"古道调查记 [N/OL]. (2018-07-16) [2024-07-15].
http://www.nanyueguyidao.cn/viewmessage.aspx?messageid=5882&from=timeline&isap
pinstalled=0.

编辑说明

1. 本书截稿时间为 2024 年 9 月，部分步道会进行提升改造，可能出现景点描述与实际见闻略有偏差的情况。

2. 如遇道路维护或工程建设，部分步道可能会出现短期中断，待工程结束即可继续通行。

3. 如遇台风、暴雨等极端天气，部分步道（尤其是郊野远足类步道）易出现路面损坏、通行条件改变等情况。请留意官方消息，待步道维护之后再行走。

4. 随着深圳步道网络建设的推进，会出现更多连接路线、交通接驳站及出入口，请留意官方消息。

5. 特色步道的设计，更注意串联具有代表性的景点和人文古迹，不以抵达某个目标点为宗旨，部分路段会曲折环绕。

6. 深圳百条特色步道游玩指引将在"文旅深圳"微信公众号、"深 i 绿道"微信小程序连载，读者可关注微信公众号获取相关信息。

"文旅深圳"
微信公众号

"深 i 绿道"
微信小程序

鸣谢（排名不分先后）

福田区城市管理和综合执法局　　　　　　福田区文化广电旅游体育局

罗湖区城市管理和综合执法局　　　　　　罗湖区文化广电旅游体育局

盐田区城市管理和综合执法局　　　　　　盐田区文化广电旅游体育局

南山区城市管理和综合执法局　　　　　　南山区文化广电旅游体育局

宝安区城市管理和综合执法局　　　　　　宝安区文化广电旅游体育局

龙岗区城市管理和综合执法局　　　　　　龙岗区文化广电旅游体育局

龙华区城市管理和综合执法局　　　　　　龙华区文化广电旅游体育局

坪山区城市管理和综合执法局　　　　　　坪山区文化广电旅游体育局

光明区城市管理和综合执法局　　　　　　光明区文化广电旅游体育局

大鹏新区城市管理和综合执法局　　　　　大鹏新区文化广电旅游体育局

深汕特别合作区城市管理和综合执法局　　深汕特别合作区公共事业局

深圳市规划国土发展研究中心　　　　　　龙岗区吉华街道办

深圳市仙湖植物园　　　　　　　　　　　龙岗区坪地街道办

深圳市梧桐山风景区管理处　　　　　　　龙华区中国 • 观澜版画原创产业基地

华侨城创意文化园　　　　　　　　　　　深圳市登山户外运动协会

图片提供（排名不分先后）

李兆武　邓华山　蔡维泽　杨少昆　张焱焱　余　冕　魏玉明　汪封祎　袁　杰　钟致棠

管金才　魏梓静　钟子杰　刘　丽　陈　玉　吴　斌　李丽平　江　离　陈　艺　李新旺

杨浩瀚　邓　飞　冯进容　何益恒　何文妍　谭雪婷　程旭薇　徐田华　林建玲　胡柳柳

陈建华　廖国强　卓悦中心 OneAvenue　中英街公众号　视觉中国　图虫创意